読むだけで
すっきりわかる
日本地理 令和版

後藤武士

宝島
SUGOI

まえがき

後藤　武士

２００９年、文庫書き下ろし刊行、シリーズ第３弾『読むだけですっきりわかる日本地理』のカバー文より

四方を海に囲まれ、面積38万平方キロメートルの中で1億2千万人の人が暮らす日本。四季折々の自然に恵まれ地域ごとの特色ある産業もいっぱい。そんな日本の姿をマンガのように楽しく語ります。おなじみのお国自慢、隠れた名所や特産品、いまさら人に聞けない気候・地名・農業・工業・水産業・交通など、この一冊で日本の地理を完全網羅。きっと日本を好きになれる本。
活字旅行のはじまりはじまりぃ。

12年前の２００９年、この本のご先祖様というべき『読むだけですっきりわかる日本地理』は、この世にうまれました。市場から見放されていた地理というジャンルに注目し、活字旅行と称して、その面白さをエッセイ風に表現した同書は、そのコンセプトの目新しさも評価され、その後10年以上にわたって版を重ね、多

くの地理ファンを生み育てることができました。それは著者にとっては光栄の極みであり、同書も本望だったことでしょう。

12年、それは短いようで長い年月です。だって生まれたばかりの赤ちゃんが思春期に差し掛かる小学校6年生になってしまうほどの年月なのですから。その間に日本というこのちっぽけでささやかながら幸福を謳歌してきた島国もまた大きく変貌しました。「加工貿易」なんて言葉は既に死語かもしれません。「産業の空洞化」にしても何を今更といった感があります。少子高齢社会もすっかりこの国の現実となりました。

そのような情勢に鑑み、2年前に『読むだけですっきりわかる「やり直しの日本地理」』を上梓しました。この本はそれを底本にさらに現状を取材し加筆修正しておなじみの文庫版としてお届けするものです。

「もはや先進国ではない」と言われて久しい日本の現状を直視するのは気が重い仕事でしたが、それでも体系的に見直すことで希望や復興へのヒントを見つけることができたように思います。著者自身はもうそれを実現する力も時間も持ち合わせていませんが、この本が、これからの日本を生きる人へのバトンになればと祈念してやみません。この国の美しさを今一度讃えながら。

目次

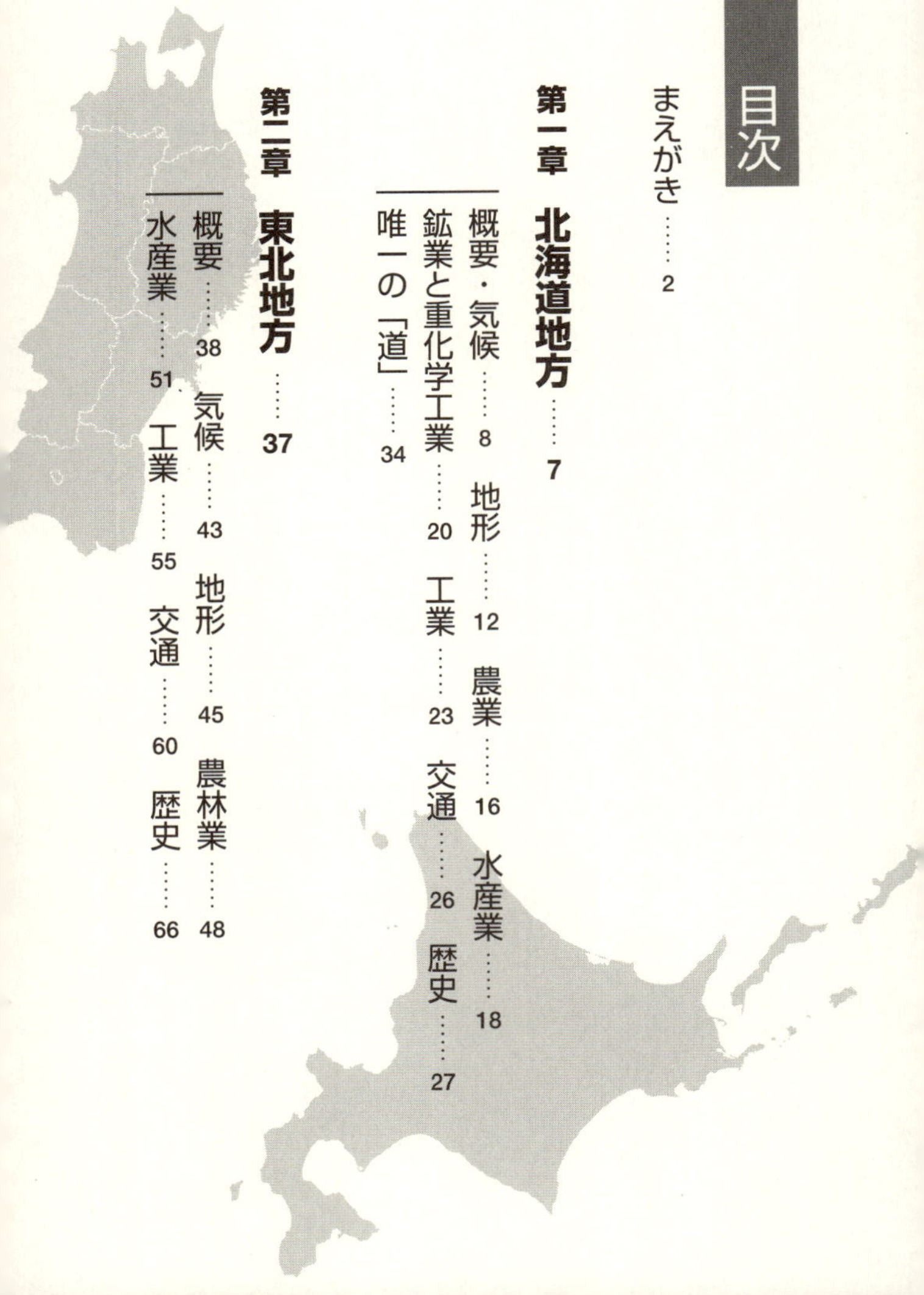

第一章
北海道地方

その昔、こんな交通標語があった。「狭い日本、そんなに急いでどこへ行く」たしかに日本といえば狭いというのが大方の人の持つイメージ。しかしそんな日本の中にあって、狭いとは真逆の広大という言葉が相応しい地域がある。それがこれから紹介する北海道。「北海道はでっかいどう」というオヤジギャグにすら説得力を感じるほど。

また、内地のほとんどが温帯気候に属するのに対し、亜寒帯（冷帯）に属し梅雨がないのも特徴的。このように国土の大半を占める本州とはいささか趣が異なるのが北海道。その魅力と課題をつらつらと眺めてみよう。

概要・気候

日本国土の5分の1を占める北の大地

なんと日本の国土面積の5分の1を占めるのが北海道。恥ずかしながら私もかつて北海道出身者に「函館《はこだて》と札幌《さっぽろ》間は6時間かかりますよ」と言われ衝撃を受けたことがあった。平成の御代のことである。

インターネット上でもその大きさは度々ネタにされ、ちょっと検索するだけで多くの大きさ比較サイトにヒットする。どのサイトも興味深くその大きさを表現してくれているが、ここではわかり易い例で述べておくと、ピースのはめ方を工夫すれば、東京〜大阪間を包含することができるレベルの大きさと述べておこう。北海道を舞台にした恋愛ドラマにありがちな、朝は札幌、昼は旭川《あさひかわ》、夜は函館で夜景鑑賞なんて行程は到底不可能。まして釧路《くしろ》だの根室《ねむろ》だの知床《しれとこ》だのとなると、これはもう7泊8日レベルの旅程となる。

そのあまりの広大さゆえ、都道府県としては北海道というひとつの道にくくられつつも、行政上は14の地域に分けられ、各地域に**総合振興局**や**振興局**が道庁の出先機関として存在している。北海道の広さを考えたら14の区分の存在は極めて妥当と言えるだろう。

日本は島国なので大抵の都府県は海に面しているのだが、そうは言っても、太平洋と日本海を貫くような都府県はあまりない。しかしくどいようだがそこは広大な北海道。面している海も3つもある（もっとも海に自然の仕切りはなく、あくまで人間が定めたものではあるが）。北は**オホーツク海**、西は日本海、東は太平洋。水質や水温が異なる3つの海に囲まれているだけあって、当然水産物の宝

北海道の概要

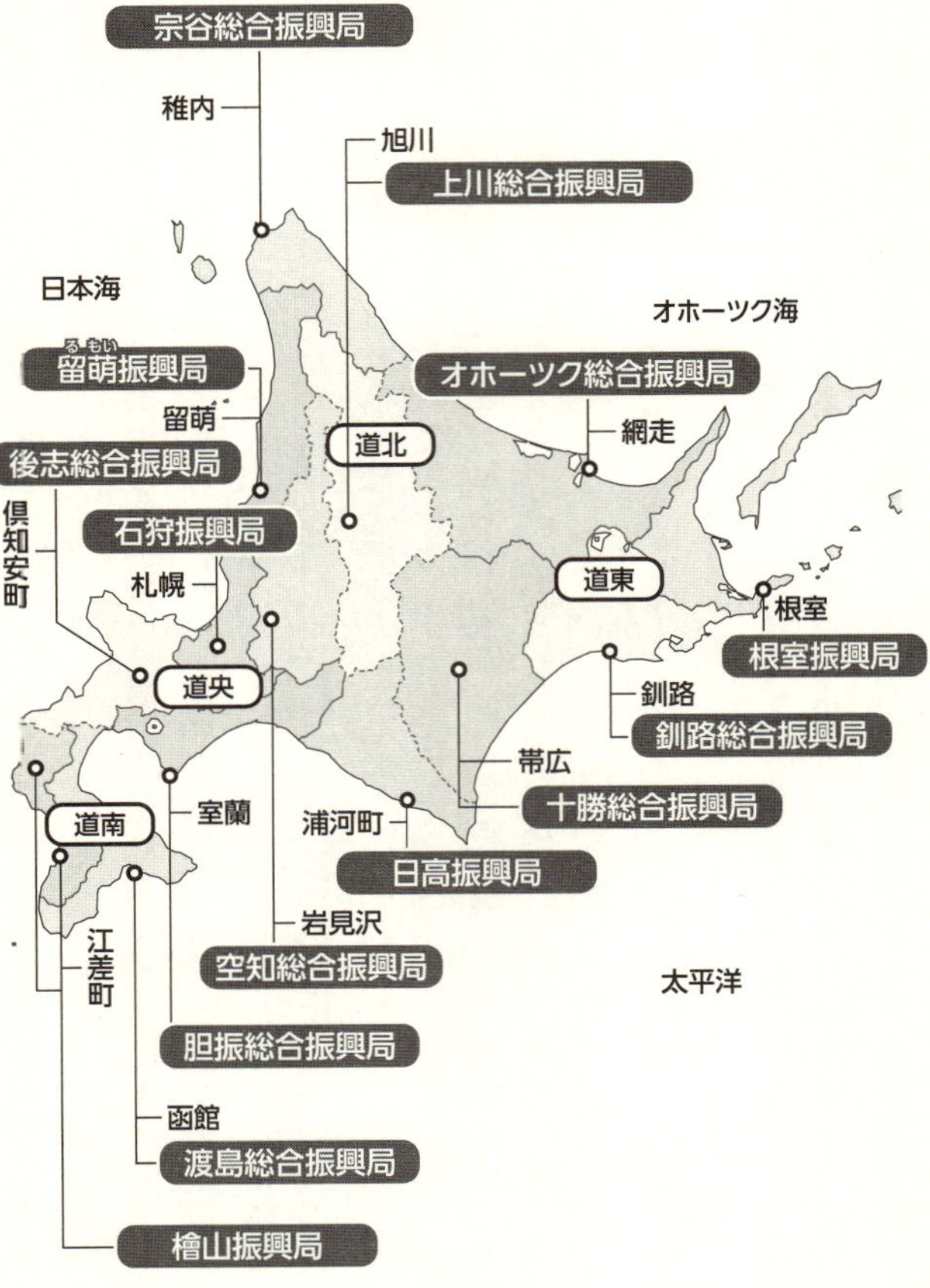
宗谷総合振興局
稚内
旭川
上川総合振興局
日本海
オホーツク海
留萌《るもい》振興局
留萌
オホーツク総合振興局
網走
道北
後志総合振興局
倶知安町
石狩振興局
札幌
道東
根室
根室振興局
道央
釧路
釧路総合振興局
帯広
十勝総合振興局
室蘭
道南
浦河町
日高振興局
岩見沢
空知総合振興局
江差町
太平洋
胆振総合振興局
函館
渡島総合振興局
檜山振興局

庫となっている。

亜寒帯（冷帯）の気候

日本の最北に位置するため高緯度で一年を通しての平均気温が低い**亜寒帯（冷帯）**の気候に属する。北海道といえば札幌の雪まつりに代表されるように雪のイメージが強い。さぞや冬の降水量も……、と思いきや、日本海側を除けばそこまで冬の降水量が極端に多いわけではない。

しかしながらその寒さのため降るとなれば雨ではなく雪になるケースが多く、さらに一度降った雪はその寒さゆえ解けにくい。そんなわけで冬の北海道と雪は切っても切り離せない関係にある。またオホーツク海岸では流氷《りゅうひょう》を見ることもできる。これも日本ではここだけだ。

札幌への一極集中が進む

そんな北の大地の政治と商業の中心は道庁所在地である**札幌**。札幌は200万人に迫る人口を抱え、ショービズ以外ほぼ一通り揃う大都市。本州出身者には札幌は地理的にも北海道の中心だと思っている人が結構いるけれど、実際は道内では西寄りに位置する。北海道はざっと**函館**近辺が**道南**《どうなん》、**旭川**周辺が**道北**《どうほく》、**帯広**《おびひろ》や**釧路**が**道東**《どうとう》、札幌は**道央**《どうおう》と区分されているが、北海道の地理的中心は旭川あたりで、北海道の地図を見ながらこの区分を見ると、さすがに札幌を道央とするのには多少の違和感が拭えない。

現在、日本は多くの問題を抱えている。その中でも特にヤバいとされているのが、人口の減少と東京を中心とする首都圏への一極集中だ。これはなかなかにして大きな問題で、そう簡単に解決できる代物ではないのだが、ここ北海道においても日本全体と同じような問題が発生している。それが札幌への人や物の集中。

もちろん人が少ない地域にもメリットはある。たとえば人口が密集していない地域では大規模な農業を営むことができる。農業においてスケールメリットは経済的にも大きなアドバンテージになる。とは言うものの、それも集散地や消費地への十分なアクセスが確保できてのこと。北海道では今なお鉄道路線の廃線が続く。この傾向が続く限り、北海道において札幌への人の移動はとまらないだろう。

函館から札幌まで特急でも4時間

日本列島を首を右にして炎を吐いている龍になぞらえるなら、北海道はその頭部にあたる。勢いよく吹かれた炎が、**択捉**《えとろふ》、**国後**《くなしり》の2島、それに**歯舞群島**《はぼまいぐんとう》、**色丹**《しこたん》**島**《とう》を加えると、日本が抱える領土問題の一つ、現在ロシアが領有を主張し実効支配している**北方領土**《ほっぽうりょうど》が構成される。

太平洋戦争末期のロシアによる北方領土略奪は当時の国際法に基づけば明らかに違法。なぜなら日本とロシアの前身であるソ連は日ソ不可侵条約を締結していたから。歴代の日本政府はそれを根拠に北方領土は「我が国固有の領土」との主張を続けている。もっとも日本人の中でも「こんな辺境の地、ロシアにくれてやってもいいじゃないか」という意見もないわけじゃない。

けれど、日本にもそうそう簡単に諦められぬ事情がある。まず第一に漁業の問題。北洋海域には好漁場が多い。漁業権は概ねその国の陸上の国土を基準に定められるため、北方領土が日本領と見做されるか否かでは大きな差が生じるのだ。

さらに近年では北や南の辺境とされるような土地や海域は資源問題においても見逃せないものとなっている。こうした辺境地には、これまでコストとの兼ね合い

北海道地方の地形

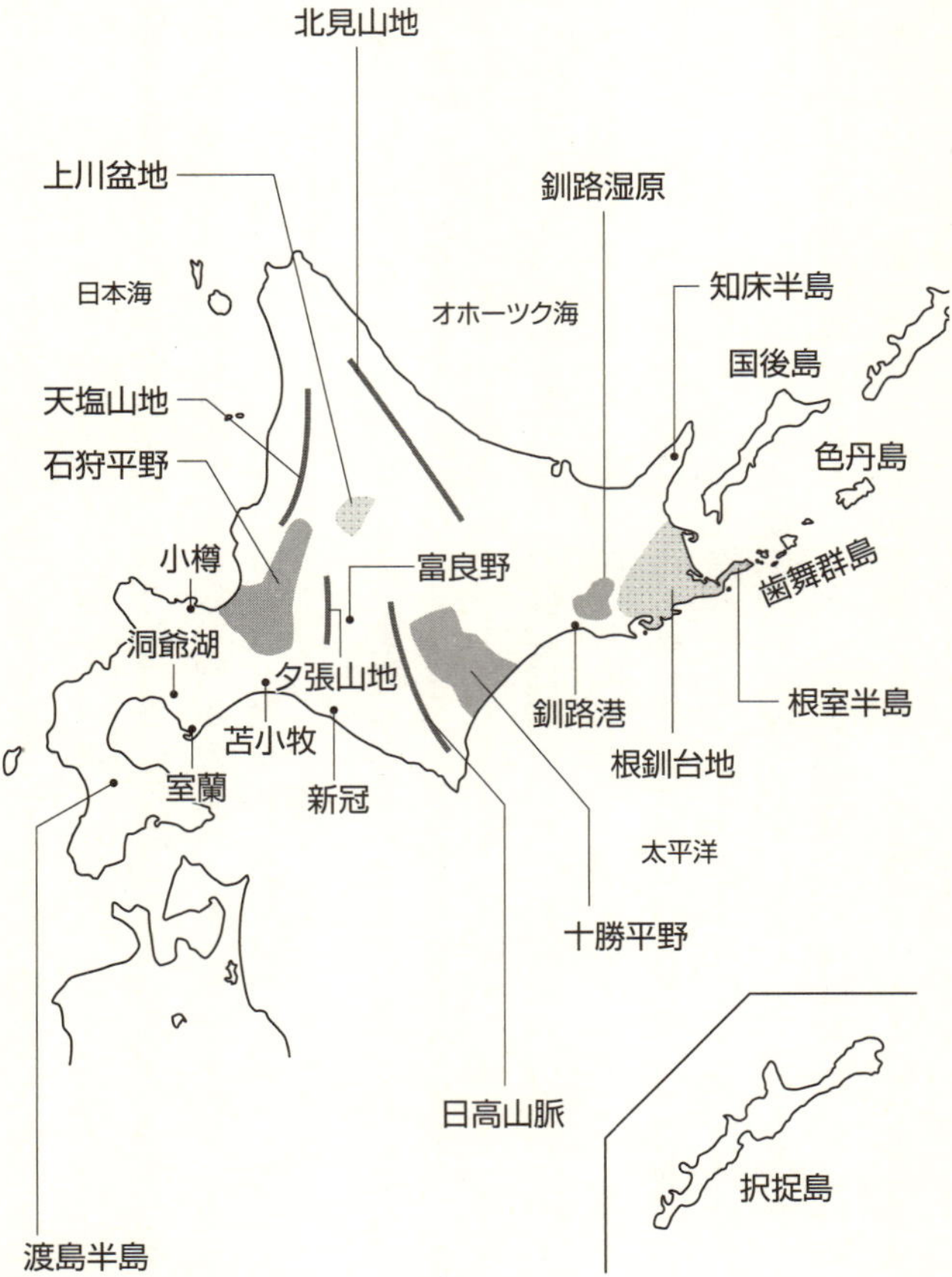
北見山地
上川盆地
釧路湿原
日本海
オホーツク海
知床半島
国後島
天塩山地
色丹島
石狩平野
小樽
富良野
歯舞群島
洞爺湖
夕張山地
根室半島
釧路港
苫小牧
根釧台地
室蘭
新冠
太平洋
十勝平野
日高山脈
択捉島
渡島半島

で実用化が見送られてきたような資源が大量に眠っている可能性が高い。そんなこともあって「じゃああんたらにあげるよ」とあっさり放棄できない状態でいる。もっとも今後日本はますます人口の減少が加速するわけで、現実的には難しい状況にあると言わざるを得ないところだろう。

　北方領土については、今後も様子を見守るとして、炎を吐くため突き出された唇のような上下の突き出しに目を向けたい。上唇が**知床半島**《しれとこはんとう》、下唇が**根室半島**《ねむろはんとう》だ。その付近には乳牛を飼育する酪農で有名な**根釧台地**《こんせんだいち》が広がる。さらに南部にはタンチョウで有名な**釧路湿原**や北海道屈指の漁港である**釧路港**がある。竜頭の上部にあたる北側はオホーツク海と日本海にそれぞれ面していて、東に北見山地《きたみさんち》、西に天塩山地《てしおさんち》がある。

　太平洋側にあたる南部は東に畑作地帯の**十勝平野**《とかちへいや》が広がり、その西には雄大な**日高山脈**《ひだかさんみゃく》が聳え、さらに西には**夕張山地**《ゆうばりさんち》がある。競走馬の産地として有名な新冠《にいかっぷ》もこのあたり。その北の先にはラベンダーで名高い富良野《ふらの》や北海道第二の都市である旭川がある。

　首の付根の上部にあたるところをみていこう。北から『若い詩人の肖像』の舞台、運河で有名な**小樽**《おたる》、道庁所在地の札幌、かつては製紙業で現在は北日本最大の貿易港として知られる**苫小牧**《とまこまい》、と著名な街が散在する。喉仏の位置には温泉で有名な登別《のぼりべつ》、製鉄の**室蘭**《むろらん》、洞爺湖《とうやこ》サミットの会場となった洞爺湖など、これまた名だたる地名が並ぶ。

龍の首に当たる部分が渡島半島《おしまはんとう》。そのほぼ南にあるのが夜景で有名な函館。かつての北海道の玄関口としても知られる。この函館から札幌までJRの特急スーパー北斗を使っても4時間かかるというのだから、何度も言うが北海道の広さは半端ない。

農業

農家一戸あたりの耕地面積日本一、酪農も日本トップ

「北の大地の恵み」なんて言葉があるように、北海道の農産物は日本中の食卓を潤してくれている。そんな北海道の農業を支えているのがスケールメリット。北海道の農家一戸あたりの耕地面積は全国平均のほぼ10倍。だから効率的な農業ができる。

酪農はもちろん畑作や米作も全国有数。道内のそれぞれの地域にあった**適地適作**型の農業が特徴だ。耕地面積の広さと適地適作といえばすぐに思い出すのはアメリカ合衆国。農業はさながらミニアメリカの様相を呈しているとも言える。

地理的に北海道の真ん中に当たる旭川周辺の**上川盆地**《かみかわぼんち》は北海道の米どころ。そして、米作りにおいて忘れてはいけないのが**石狩平野**《いしかりへいや》だ。石狩平野は今でこそ全国有数の米どころだが、元々は大量の水分を含んだ**泥炭地**《でいたんち》ゆえに米作りにはまったくもって向いていなかった。しかし先人たちはここでの米作りを諦めず、米作りに向いた土を他の耕地から持ってくる**客土**《きゃくど》や、様々な土地改良・品種改良で、米作りを可能にした。現在北海道は米の生産量において新潟県と毎年のように首位を争っている。

畑作で代表的な場所が**十勝平野**《とかちへいや》。小麦、**テンサイ**、**ジャガイモ**、豆類、トウモロコシなどが栽培されている。「テンサイ」というのは聞き慣れない名前だけど、漢字で表記すると「甜菜」、別名はサトウダイコン。ダイコンのような形をした植物で、搾って煮詰めれば砂糖が採れる。また搾りかすも家畜の飼料になる使い出のある農作物だ。

ジャガイモは別名「バレイショ」。地図帳の統計でじゃがいもを探しても見つからなくて焦るというのは、小・中学校の授業におけるあるあるネタ。その理由がこれ。統計では専ら「じゃがいも」ではなく「バレイショ」が用いられている。これを漢字で表記すると「馬鈴薯」となる。馬につける大きな鈴の形をした薯（ショ、いも）ということだ。

乳牛を飼って、その乳を搾って生乳や乳製品にするのが**酪農**。**根釧台地**はその酪農において日本でも有数の場所。大規模な農業が主流。現在のアラフォー以上の世代は、中学受験や高校受験で、**パイロットファーム**（実験農場）とか**新酪農村事業**なんて用語を覚えた記憶がかすかに残っているのでは？　**乳牛の飼育頭数、牛乳の生産量はもちろん北海道が日本一**。根釧台地にある別海町《べっかいちょう》に至っては町民の数よりも飼育されている牛の頭数の方が多いと聞いてこれまたびっくり。

意外なところでは**ソバやタマネギの生産も北海道が日本一**。さすがは北の農業王国、まさに食材の宝庫と言えるだろう。

水産業

海ごとに適地適漁の贅沢な魚介類

周囲を海に囲まれた北海道だけに当然のことながら水産業は基幹産業。農業において適地適作が営まれているように水産業においてもオホーツク海側、日本海側、太平洋側とそれぞれの水域にあった水産業が営まれ適地適作ならぬ**適地適漁**ともいうべき水産業が営まれている。

まずは北のオホーツク海岸。重要漁港である紋別《もんべつ》港や網走《あばしり》港をはじめとして多くの漁港があり、ホタテ、サケ、カニ、ホッケなどの北海道グルメの宝庫となっている。

続いて太平洋側。こちらにはかつては水揚量《みずあげりょう》日本一も経験し、現在も道内一の水揚げを誇る釧路港がある、イワシやスケトウダラをはじめ季節ごとに様々な魚介類が市場を賑わせる。

日本海側も負けていない。日本海側では北海道漁業が全国に名を馳せるきっかけとなったニシン漁が有名。江戸時代に始まったと言われるそのニシン漁は網元をはじめ、現地で漁業を営む漁師に多大な富をもたらした。その象徴である**ニシン御殿《ごてん》**のいくつかは、現在も保存され観光資源になっている。

水産王国北海道は日本が守るべき宝だ

北海道の漁業就業者数、漁船数は共に全国一位。かつて世界最大の漁業大国であった日本を今も支えてくれている。とは言え問題も山積み。国籍不審船による無法な漁獲、漁業就労者の高齢化、燃料の値上げ、地球温暖化に代表されるような自然環境の変化による魚介類の減少など、日本の水産業に打撃を与えている諸問題は、北海道の水産業にも大きな痛手を与えている。

しかし北海道には他地域に比べ若い漁業就業者の割合が高いという希望もある。島国日本において水産業は欠くべからざる産業。水産王国北海道は日本の水産業はもとより日本にとって大切な宝であり守らなければならない。

鉱業と重化学工業

石油に代わって衰退した炭鉱の町

石炭・石油などのエネルギー資源や**鉄鉱石**《てっこうせき》などの原材料資源を、地下から掘り起こす産業が**鉱業**。北海道はかつて日本有数の鉱業王国だった。

その主力は黒いダイヤとも呼ばれた石炭。北海道には夕張炭鉱《ゆうばりたんこう》をはじめ多くの**炭田**《たんでん》が存在し、そこで働く炭鉱労働者の生活需要を満たすため町が形成され、昭和の中頃までは大いに賑わった。

しかし１９６０年代からエネルギー革命の波が日本にも押し寄せてくる。主要なエネルギー源は石炭から石油に切り替わり、国の経済政策も大きく切り替えられた。元々日本の炭鉱は他国のそれに比べ、石炭の所在する場所が深くコストの上でも労働者の安全の面でも不利があった。エネルギー革命の波及はトドメの一撃となり、長きにわたって日本の経済成長を支えた石炭産業は一気に衰退する。世界遺産に登録され有名になった長崎県の軍艦島《ぐんかんじま》こと端島《はしま》、そして北海道では夕張炭鉱なども操業をほぼ停止した。

北海道の衰退の象徴として頻繁にメディアに取り上げられるのが夕張。かつて炭鉱の街として大いに栄えたこの街が、石炭産業の衰退とともに寂れてしまった姿は、北海道だけの問題でなく日本の明日の姿でもある。

鉄鉱石を溶かすため石炭を大量に利用していたのが**鉄鋼業**。現在ではかつての石炭の役目は石油が果たしているが、太平洋側の室蘭は北海道の製鉄のまちとし

北海道地方の農林漁業と工業

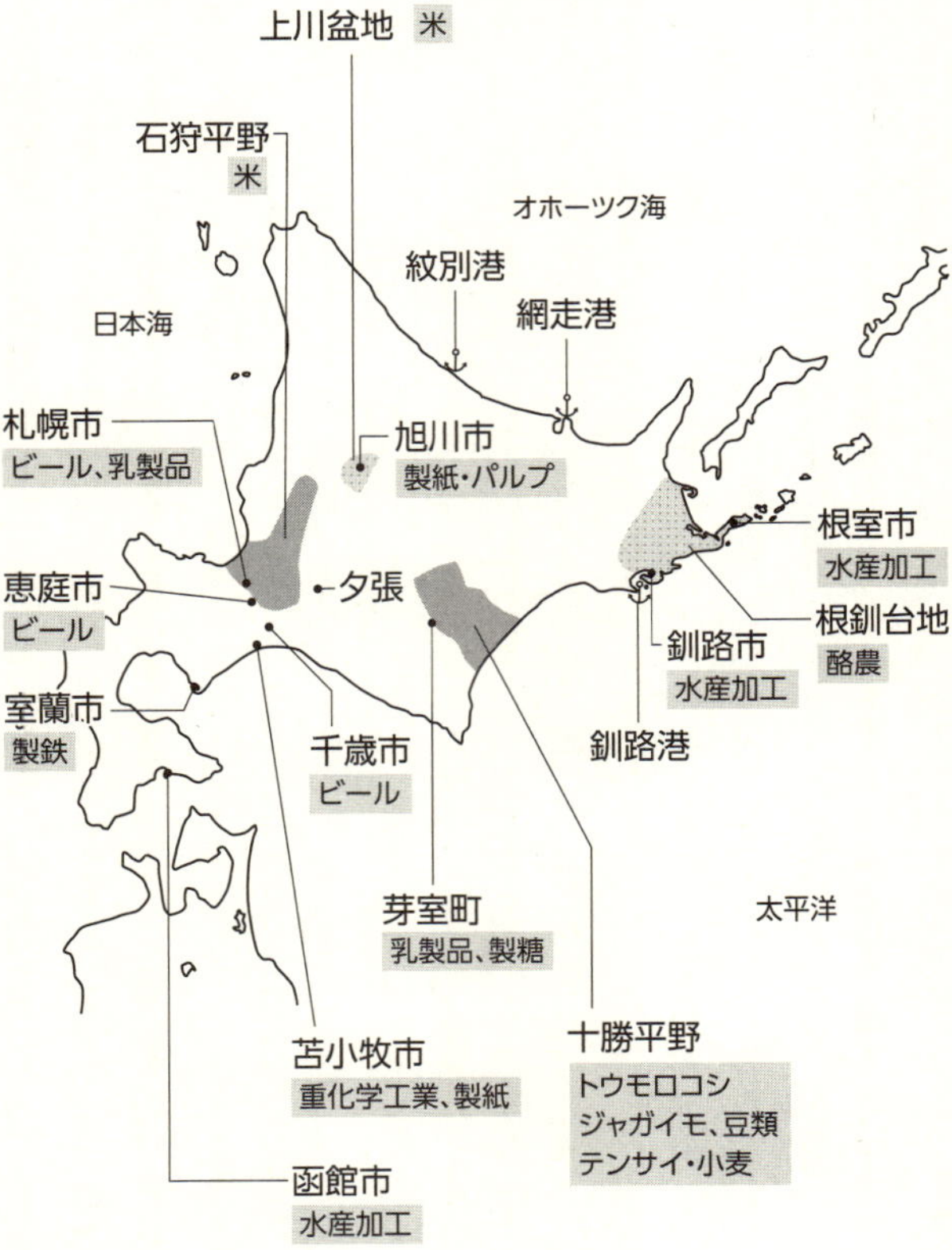

上川盆地 米
石狩平野 米
オホーツク海
紋別港
網走港
日本海
札幌市 ビール、乳製品
旭川市 製紙・パルプ
根室市 水産加工
恵庭市 ビール
夕張
根釧台地 酪農
釧路市 水産加工
室蘭市 製鉄
千歳市 ビール
釧路港
芽室町 乳製品、製糖
太平洋
苫小牧市 重化学工業、製紙
十勝平野 トウモロコシ ジャガイモ、豆類 テンサイ・小麦
函館市 水産加工

て知られ、製油所を中心とする**石油コンビナート**のある苫小牧と共に北海道の重化学工業を支えている。

工業

地産地加工といえる北海道の工業

北海道の工業は一言で言うなら地産地消ならぬ**地産地加工**と言ったところ。地元で取れた原材料を地元で加工する。これが北海道の工業の特徴。**製紙パルプ業**や**食品加工業**は、その代表と言える。

製紙パルプ業は、材料である木材を現地調達できる上に豊富な水も手に入るということからこの地で大いに発展した。内陸の旭川にはその名もズバリ「パルプ町」という地名があり、そこには日本有数の製紙会社である日本製紙の事業所がある。太平洋側の苫小牧には、こちらも日本を代表する製紙会社である王子製紙の苫小牧工場があり、様々な種類の紙が製造されている。特に新聞用紙においては大きなシェアを誇っている。

食品加工業は北海道における工業の中心を占めるもので、農業生産物、水産物など多種多様な食品加工業が営まれている。

老若男女を問わず日本人に人気の**ビール**。札幌周辺には主要メーカーのビール工場が揃っており、札幌市にアサヒビール、恵庭《えにわ》市にサッポロビール、千歳《ちとせ》市にはキリンビール、と一大ビール産地を形成している。それもあって北海道には数多くのビアガーデンやビールのテーマパーク的な場所が存在。たしかに乾燥がちの気候もあいまって北海道で飲むビールは格別。もっともそんな北海道といえども未成年の飲酒や飲酒運転は、厳禁なのは言うまでもない。

そして、乳製品。札幌の雪印メグミルク工場や十勝平野の帯広郊外に位置する芽室町《めむろちょう》の明治のチーズ工場など、道内各地でさまざまな乳製品が生産されている。こうした工場には見学可能なものも多い。まさに北海道ならではの学べるテーマパークといえるだろう。

その芽室町は地産のテンサイを原料とした**製糖**《せいとう》工場があることでも有名だ。北海道の砂糖は国産砂糖においては圧倒的なシェアを誇るのだけれど、現在日本で消費されている砂糖のうち7割ほどは輸入品なので、国内で消費される砂糖全体の中でのシェアはさほど大きくない。そうなってしまっている主な理由は生産コストの差。輸送費等を加味しても輸入砂糖の方が圧倒的に安いのが現状なのだ。

後継者不足や人手不足に悩む日本の産業

とは言え、昨今ではかつての途上国の発展に伴って少なくとも人件費に関しては日本と海外の差が埋まりつつある。国によっては逆転しているケースさえあるほど。こうなってくると国内産の競争力が復活する可能性もあるのだけれど、問題はただでさえ後継者不足や人手不足に悩む日本の産業が、そこまで持ちこたえることができるかどうかにある。消費者としては安いに越したことはないのだけれど、国内の産業を守るためにはある程度の行政による市場介入もやむを得ないということは理解しておきたいところだ。

北海道の工業は地産地加工と語った。大地の恵みである農産物の食品加工がさかんなら、海の恵みである水産物の加工もさかんなはず。そう予想して水産物に目を転じると、なるほどたしかに水産加工も負けちゃいない。函館のサケ・イカ・コンブ、釧路のサケ・マス、根室のカニなど、各地で様々な水産物が加工されている。ここに挙げた水産物の他にも、カズノコ・ニシン・ホタテなどが道内各地で加工されている。

交通

スケールの大きい交通インフラ

広大で観光王国でもある北海道だけに交通インフラもまたスケールの大きいものとなっている。特徴的なのは空港。道内には10を超える数の空港が存在する。続いて陸の公共交通機関の花形である鉄道。北海道にはそれまで新幹線の路線が存在しなかったが、平成末期の２０１６年に北海道新幹線の新青森駅から新函館北斗《ほくと》駅間が操業開始。これによって北海道は新幹線の走る都道府県の仲間入りを果たした。とは言え、函館は道内でも南端に近い。正直なところ、現状ではまだ道民の利用者にさほど大きなメリットをもたらすものとはなっていないだろう。もっともこれはあくまでも部分開通。北海道新幹線は札幌までの延伸が予定されており、現在も建設工事が進められている。

ただ華やかな新幹線の登場の影で在来線はピンチが続いている。地域住民の利用者数が減少し続け維持が難しくなった結果、北海道では国鉄が分離してＪＲ北海道ができた当時には３，１７７㎞あった路線が、２０２１年現在で２，３７２㎞

に縮小されてしまっている。さらに今後も何本かの路線が廃線される予定にある。広大な北海道は他の都府県に比べ道路用地に恵まれており、道路網が充実しているのも大きい。縮小が進む鉄道路線とは対照的に、道内の高速道路や自動車専用道路の整備は現在も進行中だ。

歴史

アイヌが育んだ北海道

古代日本を支配した統一政権が**大和政権**《やまとせいけん》。現在の皇室にも繋がると言われている。大和政権は、電車も自動車も自転車もなく馬さえろくに確保できなかった時代に、北は関東から南は九州まで版図を広げた強大な政権だったのだけど、それでもさすがに厳寒の地に足を踏み入れることはできなかった。そのため長い間、現在の北海道の地は中央政権側からは**蝦夷地**《えぞち》と呼ばれ、支配が行き届かない地域だった。

しかしながらそんな厳しい環境下においても自然を友とし自給自足の生活を営

北海道地方の交通

紋別空港
石北本線
美幌バイパス
網走
釧網本線
女満別空港
北見
旭川紋別
自動車道
十勝オホーツク
自動車道
国後島
色丹島
中標津《なかしべつ》空港
根室
歯舞群島
釧路空港
釧路
道東
自動車道
根室本線
広
帯広空港
帯広・広尾自動車道
凡例
新幹線
主なJR線
高速道路&自動車道

礼文島
稚内
稚内空港
利尻空港
豊富バイパス
幌富バイパス
利尻島
宗谷本線
名寄《なよろ》美深道路
名寄
留萌
深川留萌自動車道
旭川
旭川空港
滝川
道央自動車道
富良野
札幌空港
根室本線
小樽
札幌
函館本線
札樽自動車道
千歳《ちとせ》線
千歳
新千歳空港
石勝線
室蘭
室蘭本線
奥尻島
奥尻空港
函館新道
日高自動車道
新函館北斗駅
江差
函館空港
函館
函館・江差自動車道
北海道新幹線

地図でわかる北海道地方の名所と観光

北海道地方の主な観光地を地図で紹介。

宗谷海峡
宗谷岬
野寒布岬
稚内
礼文島
利尻水道
宗谷丘陵
利尻山
利尻島
クッチャロ湖
ベニヤ原生花園
サロベツ原野
利尻礼文
利尻礼文サロベツ国立公園
天塩川
天売島
焼尻島
日本海
渚滑川
紋別
旧花田家番屋
天塩岳
旭川
旭川動物園
増毛山地
暑寒別岳
大雪山
暑寒別天売焼尻
国定公園
大雪山国立公園
トムラウシ山
石狩岳
積丹岬
石狩湾
十勝岳
石狩川
富良野
積丹半島
芦別岳
ニセコ積丹《しゃこたん》小樽海岸国定公園
小樽
石狩平野
岩見沢
夕張山地
狩勝峠
札幌
夕張
夕張岳
支笏洞爺国立公園
中山峠
石炭博物館
帯広
羊蹄山
支笏湖
千歳
十勝平野
洞爺湖
ウトナイ湖
幌尻岳
狩場山地
樽前山
苫小牧
カムイエクウチカウシ山
昭和新山
有珠山
沙流川
日高山脈襟裳国定公園
後志利別川
登別
日高山脈
内浦湾
室蘭
地球岬
奥尻島
大沼国定公園
渡島半島
駒ケ岳
亀田半島
江差
函館平野
五稜郭
恵山岬
襟裳岬
函館
函館山
大間崎
津軽海峡
松前半島
白神岬
龍飛崎

み独自の文化を発展させた人々がいた。北海道の先住民である**アイヌ**と呼ばれる人たちだ。しかし残念なことにこの時代の彼らの生活ぶりや政治的変遷、行事や宗教等については深く知ることができない。彼らが文字を持たなかったために記録に記されていないからだ。古代における彼らの暮らしぶりは今後発掘などが進むにつれて明らかになっていくのかも知れない。

　平和なアイヌの暮らし、いや、もしかしたらアフリカの先住民のように部族間闘争が激しかったかも知れないが、ともかく、少なくとも本土の影響下からは逃れていたアイヌの人々が脅かされるようになったのは、鎌倉時代のことだった。武家の安藤氏が蝦夷代官に任ぜられ、この地の支配にとりかかる。これを契機にいわゆる大和民族とアイヌの人々は平和に通商をしたりもした。

　しかし次第に大和系の勢力によるアイヌの連携の切り崩しが進められ、これに異を唱えるアイヌの指導者が武装蜂起し奮闘虚しく鎮圧され……。そんな世界の各地で繰り返されてきた歴史は、ここでも繰り広げられた。やがて内地では武士の時代が本格化。その頃には**松前《まつまえ》氏《し》**がこの地に勢力を広げ、秀吉や家康にも支配権を認められた。

　江戸時代には北海道に松前藩が置かれ、幕藩体制の一画に組み込まれる。ここに至るまでのアイヌの抵抗運動としては、室町時代の首長コシャマインを中心とする蜂起があり、江戸時代に入ってからはアイヌ民族最大の反乱とされる**シャクシャイン**の戦いもあった。江戸中期の寛政年間にもクナシリやメナシ地区のアイヌが立ち上がり、クナシリ・メナシの戦いが起きる。だがそれらは、いずれもアイヌ側の敗戦に終わってしまった。

その後、北海道は幕府の直轄地となった。大国ロシアとの国境でもあり、一藩に任せておくわけにはいかなかったのだ。1867年に大政奉還により江戸幕府最後の将軍徳川慶喜は政権を天皇に返上することを申し出る。形式上の幕府の終焉だった。

しかし幕府の経済力が残ることを良しとしなかった薩長《さっちょう》を中心とした新政府は幕府残党を挑発。新政府と旧幕府残党の間で戊辰戦争《ぼしんせんそう》が勃発する。敗戦に敗戦を重ねた旧幕府軍が最後にたどり着いたのがここ北海道。旧幕府軍の**土方歳三**《ひじかたとしぞう》や**大**《おお》**鳥圭介**《とりけいすけ》らは**榎本武揚**《えのもとたけあき》を総裁に仰ぎ、後に**蝦夷共和国**《えぞきょうわこく》と呼ばれるような臨時政権を打ち立てた。だが翌年準備を整えた新政府軍が北海道に上陸、彼らの自治の夢は潰えた。

明治になると北海道には新政府の手によって**北海道開拓使**が置かれる。平時は北の大地の開拓に励み、有事には兵士として戦うという**屯田兵**《とんでんへい》として、多くの若者が内地から送り込まれた。あの「少年よ、大志を抱け」のフレーズが独り歩きしてしまった感のある**クラーク**ら**お雇い外国人**も北海道開拓に大いに力を貸した。

やがて彼らの苦労が報われ、北海道は日本最大級の農業地帯となる。

1972年には札幌で冬季オリンピックも開催、サッポロの名と北海道の存在を世界に知らしめた。

唯一の「道」

なぜ府や道があるのか

普段、何気なく使っている都道府県という言葉。日常生活において疑問を感じないで使っている人が多いだろうが、よく考えてみると不思議な言葉ではある。首都である東京に都を使うのはわかるとして、京都と大阪の府、北海道の道は、どういう事情から使われるようになったのだろう。

実は府という言葉は政治や経済、軍事、神事などにおける要衝地《ようしょうち》を意味する。

その昔、都道府県の代わりに「〇〇国」という区分が使われたことはご存知だろう。その国の中心地こそ府中だった。府中と言えば東京都下にある東京競馬場で有名な府中市や、広島県の自動車メーカーマツダの企業城下町である府中町が有名だ。しかしもともとは府中というのは普通名詞で、各国の行政拠点があるところを指した言葉だった。今で言えば都道府県庁所在地に当たる。

1868年、江戸幕府を倒した明治政府は地方分権である**幕藩体制**《ばくはんたいせい》を崩し、欧米列強と戦う力を養うべく中央集権化を目指した。明治政府は府藩県三治制《ふはんけんさんちせい》を採用する。これにより日本国内の重要箇所の中から10箇所が府に指定された。地方区分はその後も改編が進み、多くの府が消滅したが京都と大阪は府として残った。

さていよいよ北海道の道。もともと道は古代律令制度下の行政区分である**五畿**《ごき》**七道**《しちどう》にルーツを持つ。旧国名より更に広い範囲を統括する上位区分だったのが五畿七道。今で言えば関東地方とか中部地方というような「〇〇地方」にあたる。それまで蝦夷地と呼ばれていた島は、明治政府によってその広さから単独で道に指定され北海道となった。これにより五畿七道は**五畿八道**《はちどう》と改められている。その後、**都道府県制**が採用されるも、北海道のみはかつての呼称が残ったというわけだ。これは言うまでもなくその広さゆえのこと。実際、北海道は行政上14の地域に分けられ、各地域に総合振興局や振興局が道庁の出先機関として存在している。北海道は一般的な広さの都府県を数個も包含できる広さであり、そういう意味でも、県にあたる国よりも広い範囲を示した道を用いたのは適切だったと言えるだろう。

第二章
東北地方

概要

本州最北の地方が東北地方。青森《あおもり》、岩手《いわて》、宮城《みやぎ》、秋田《あきた》、山形《やまがた》、福島《ふくしま》の6県を指す呼び名だ。東北地方には他にも「**奥州**《おうしゅう》」とか「**みちのく**」という呼称が使われる。どちらも文字通りの意味で「奥の方にある州」「道の奥」という本州の果てであることを表現した言葉になっている。これらの言葉は元々は東北地方全域を指すものではなかった。しかし現在では概ね東北全域を表現する際に違和感なく用いられている。

わかりやすい各県の配置

県の配置が非常にわかりやすい受験生にはありがたい地方。その配置は、極端にデフォルメすると、上下(北南)を横長の□で囲まれた田の字型。上の長四角が青森県、底を支える長四角が福島県。その両県に上下を守られた田の字部分は、右の太平洋側に岩手県と宮城県、左の日本海側に秋田県と山形県という配列になっている。もっとも、実際には県境線は直線ではなく複雑なので、山形県の一部が新潟《にいがた》県と南北の県境を接していたり、新潟県の最北端が福島県の最北端より北に位置していたりもする。その新潟県が中部地方に分類されるのも不思議なことだけど、それは後ほど中部地方の項目で語ることにしよう。

言われてみれば変な名称

東北という言葉に違和感を覚える人はそれほど多くはないだろう。が、よく考えるとこの呼称は、少しばかり不思議。というのも八方位を表現するときは、普通「南東」とか「北西」というように、南北が先で東西が後というのが一般的。このルールに従うと「東北」ではなく「北東」が正しくなる。あれれ？　言われてみれば……なのだ。

実はこの疑問に対する明確な正解はない。ただ概ねこうだろうという定説はある。それは、日本では昔から方角を指し示すときは「南北が先で東西が後」、地方名や地域名を指すときはその逆と使い分けされてきたというもの。

なるほど両者が同じなら「北東地方の北東には……」なんてややこしい表現がうまれてしまう。方角を示す呼称と地域を指す固有名詞で順序を逆にしているのは実に合理的とも言える。そう言えば中国大陸にも東北地方がある。これは主に満人が居住し支配した満州と言われる一帯を指す名称だ。九州を指し示す「西《せい》南《なん》」という言葉もある。九州には西南学院という名門校があるし、明治初期の鹿児島や熊本を舞台にした内戦は西南戦争と呼ばれている。

もっとも九州の更に南には南西諸島《なんせいしょとう》なんてのもあって、これは地名なのに南北が先になっているのだが、こちらも当初は西南諸島と呼ばれていたようだ。まあ厳格な決まり事があるわけではないので探せば例外は多々あるだろうけど、とりあえずは「東北地方は地域名なので東西が先」ということで納得しておけば問題ないだろう。

豪雪地帯、米どころ、独特の方言

共通点も多い。**豪雪《ごうせつ》、米どころ、独特の方言とアクセント**。もっとも東北地方は南北に長いため、各県ごとの特徴も細かく見れば微妙に異なる。

最北は青森県。県庁所在地は**青森市**。青森県の旧国名は全県ともに陸奥国《むつのくに》なんだけど、歴史的な経緯から**南部地域**と**津軽《つがる》地域**では方言や文化・風習が大いに異なる。

青森県から太平洋側を南に下ると岩手県。県庁所在地は岩手市ではなく**盛岡市《もりおかし》**。その面積はおよそ1万5千平方キロメートルで、これは県としては最大、都道府県としても北海道に次ぐ堂々の二位の広さ。それ故に昨今では地理のトリビアとして「岩手県は四国と同じくらい巨大」というネタが紹介されている。これ、実際は流石にそこまで大きくはなく、岩手県は四国四県よりは県一つ分ほど小さい。それでも日本全体の面積のほぼ4％を占める。47分の1はおおよそ2％なのだから倍の大きさだ。

その大きさを北海道の人に……は実感してもらう必要はないか。東北も馴染みがあるから良いとして、関東の人にわかりやすく喩えると、北関東二県と埼玉県分くらい。中部地方だと岐阜県と愛知県を合わせた感じ。ううん微妙だなあ。そもそも岐阜県が大きい方だけに伝わりづらい。北陸三県合わせてもお釣りが来るよと言い換えておこう。近畿だと大阪府、京都府、奈良県に和歌山県を足したくらい。中国地方なら広島県と岡山県、九州だと宮崎県と熊本県それぞれを合わせたくらい。概して大きな県だと2つ、小さな県だと3つから4つ分ってとこかな。

その岩手県の西隣、日本海側にあるのが秋田県。東北の中でも最大の穀倉地帯《こくそうちたい》。第九十九代内閣総理大臣、菅義偉をはじめとして人口の割に著名な出身者が多い県だ。

さらに南へ下って太平洋側にあるのが東北一の大都市、杜《もり》の都こと**仙台市《せんだいし》**を県庁所在地とする宮城県。仙台市はあの『ジョジョの奇妙な冒険』の第4部の舞台、杜王町のモデルとも言われている。その宮城県の西隣の日本海側にあるのが山形県。地味な印象もあるが**蔵王**《ざおう》や山寺など見どころは多い。**最上義光**《もがみよしあき》や**上杉鷹山**《うえすぎようざん》など通が好む歴史上の人物の縁《ゆかり》の地でもある。

そして太平洋に面し、**猪苗代湖**《いなわしろこ》を擁する東北最南端の県が福島県。この県もまた岩手県に次いで面積の広い県。大きく3つの地域に区分される。

2011年の東北地方太平洋沖地震、そこから派生した津波、さらには原発事故の大きな被害に遭い、復興が進められているのが**浜通り**と呼ばれる東部エリア。震災時の報道で連呼されていた浜通りの呼称を通り（ストリート）の名前だと勘違いしていた人も多いだろう。仙台に次いで東北第二位の人口を擁するいわき市も浜通りにある。震災の影響で一時は人口流出があったが、その後再び二位に返り咲いた。

北部に県庁所在地である福島市、中部に巷《ちまた》では東北第二の都市との声も多い郡山《こおりやま》市、南部に白河《しらかわ》の関《せき》で有名な白河市を擁するのが**中通り**。見どころも多くバラエティに富んだエリアだ。

そして幕末好きに大人気なのが言わずと知れた**会津**《あいづ》**エリア**。かつて藩校日新館《はんこうにっしんかん》で教えられた什《じゅう》の掟《おきて》は「ならぬことはならぬものです」などのフレーズであまりにも有名だ。

気候

日本海側の夏は暑く、太平洋側は夏も涼しい

東北地方は、**奥羽山脈**《おううさんみゃく》を筆頭に日本海側に**出羽山地**《でわさんち》、太平洋側に**北上高地**《きたかみこうち》と縦に連なる3つの山地によって地理的に大きく隔てられ、日本海側と太平洋側の気候がはっきりわかれている。

日本海側は北西から吹いてくる冬の季節風の影響を直接受けるので、冬の降水量が多い。しかも緯度が高いので気温は上がらない。そのために降るときは雨ではなく雪になることが多い。さらにその降った雪も寒さのために解けずに残ることが多いので豪雪地帯となっている。

太平洋側の岩手県**三陸海岸**《さんりくかいがん》沿いや宮城県の仙台付近、さらには福島県の浜通りといった地域は、東北のイメージに反して積雪量はさほど多くない。ただし夏は

やませと呼ばれる北東の季節風の影響で雨が多くなりがち。緯度の関係で気温はさほど上がらないはずだが、昨今は地球温暖化の影響から猛暑日も多いようだ。内陸はやはりそれなりに雪が積もる。また海に面していない内陸の気候の特徴で夏冬の気温差が激しい。

東北は涼しい地域という印象があるが、秋田や山形の日本海側でも、暖流である**対馬海流**《つしまかいりゅう》の影響や、山を越える間に乾いてしまった風が山を下る間に暖かくなって吹き込んでくる**フェーン現象**の影響で、夏はそれなりに暑い日も多くなっている。

太平洋側で発生する夏の冷害

太平洋側には、夏に海から今しがた紹介した**やませ**と呼ばれる風が吹いてくる。この風は沖合を流れる寒流の親潮《おやしお》（**千島海流**《ちしまかいりゅう》）の上を通過してくるので冷たい。そのため夏の割には涼しい気候をもたらす。

一般的には夏に涼しいのは結構なことなんだけど、東北地方の基幹産業が農業であることから事情は異なってくる。夏に温度が上がらないことは不作に繋がる。これが**冷害**《れいがい》と呼ばれる自然災害。「冷害というからには冬だろう」と勘違いする人も多い受験生をも泣かせる天災。まあ冬に寒いことは当たり前であって夏なのに寒いから困るのだ。東北地方を代表する偉人、岩手県出身の**宮沢賢治**《みやざわけんじ》も「サムサノナツハオロオロアルキ」と詠《よ》んでいる。冷害が東北地方の農業従事者に如何に恐れられていたかがよく分かる表現だ。

地形

山々の間に点在する平野や盆地

東北地方を支える背骨のように南北に連なるのが西から出羽山地、奥羽山脈、北上高地の3つの山地。それぞれ山地、山脈、高地と呼称が異なるためにかつては中学受験や高校受験で頻出の地名だった。もっとも三者には極端な差はない。実はどれも広い意味では山地に含まれる。ただしその中でも山脈はより連続性があるものにつけられ、高地は険しい山が少なく比較的低い山地に用いられる。

奥羽山脈は**那須火山帯**《なすかざんたい》を形成する。そのためこの一帯には火山が多い。火山は様々な災害をもたらす一面があるが、一方で良質の温泉や風光明媚な景勝地を与えてくれたりもする。実際に一帯には花巻《はなまき》温泉、鳴子《なるこ》温泉、蔵王温泉など著名な温泉地も多い。

東北地方には関東平野のような広大な平野はない。それでも山々の間に程よく平野や盆地が点在する。青森県は**津軽平野**、秋田県には**秋田平野**や雪のかまくらで有名な横手盆地、岩手県なら北上《きたかみ》盆地、山形県にも**庄内《しょうない》平野**や**米沢《よねざわ》盆地**、宮城県の**仙台平野**に福島県の会津盆地や郡山盆地、といった具合に各県にはそれぞれそこそこの平野や盆地がある。平野や盆地には街があり、そこではスケールの大きな山を背景にした雄大な景色も堪能できる。

大きな山がたくさんあるということは大河にも恵まれているということだ。石巻市で太平洋に注ぎ込む東北一の大河は**北上川**。**松尾芭蕉《まつおばしょう》の『おくのほそ道』**でも「**北上川、南部より流るる大河なり**」と語られている。同じく太平洋側に流れる川として、やはり古来人々に親しまれてきた**阿武隈川《あぶくまがわ》**もある。

水は山から海に向かって流れていく。だから当然太平洋側に大河があれば日本海側にもそれはある。かつては鉱石や材木の水運にも使われた**米代川《よねしろがわ》**、大きなダムがないためカヌーを楽しめ様々な淡水魚も生息する**雄物川《おものがわ》**、先述の松尾芭蕉が「**さみだれを　あつめてはやし　もがみがわ**」と詠んだ**最上川《もがみがわ》**などは特に有名。こ

東北地方の地形

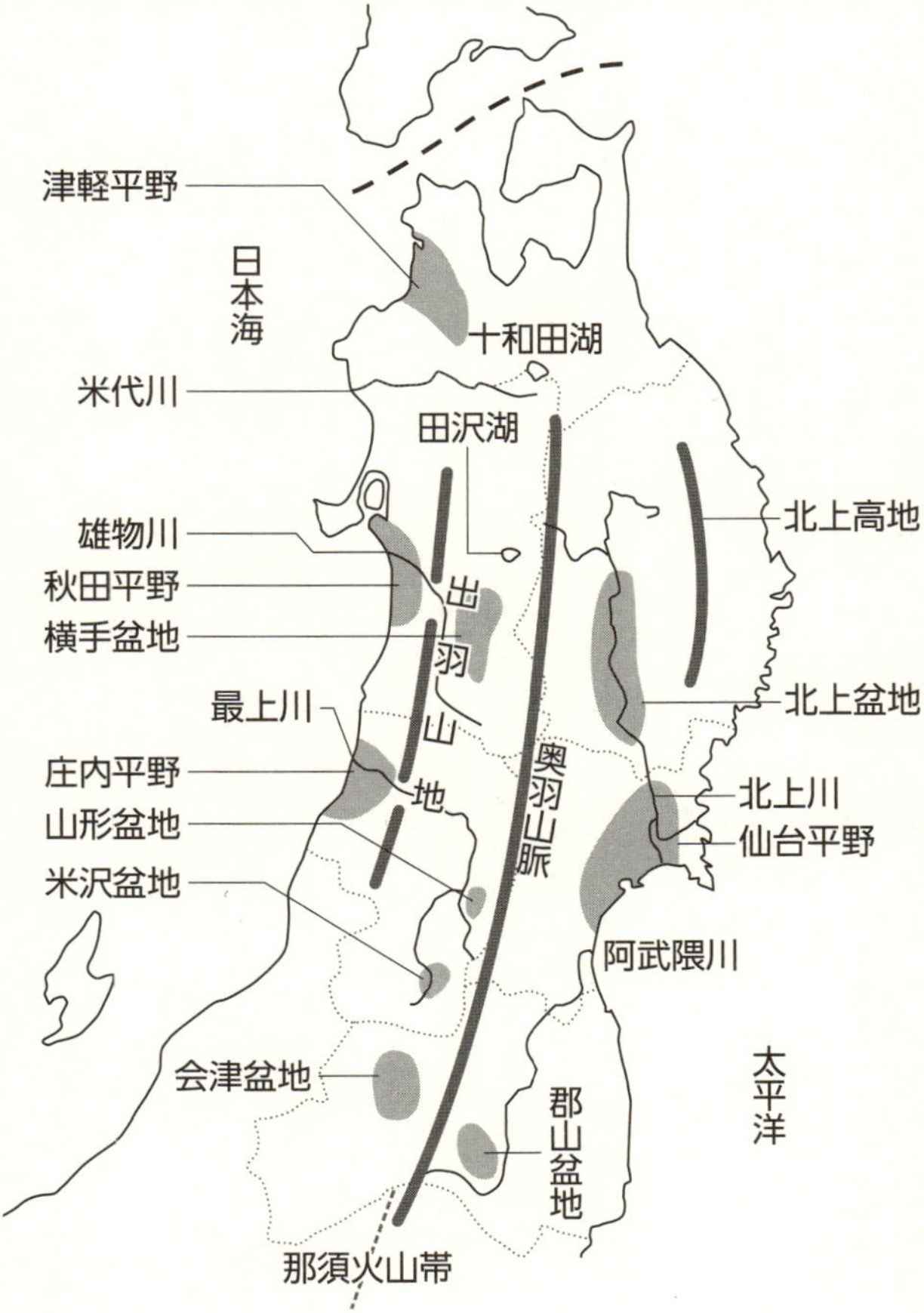
津軽平野
日本海
十和田湖
米代川
田沢湖
北上高地
雄物川
秋田平野
横手盆地
出羽山地
最上川
北上盆地
奥羽山脈
庄内平野
北上川
山形盆地
仙台平野
米沢盆地
阿武隈川
会津盆地
太平洋
郡山盆地
那須火山帯

の最上川は熊本県の**球磨川**《くまがわ》、長野・山梨・静岡県を流れる**富士川**《ふじかわ》とともに、**日本三大急流**のひとつに数えられている。

農林業

様々な新ブランド米

東北地方は北海道や北陸と並んで日本有数の**穀倉地帯**。もう数十年も全国でとれるお米の4分の1は東北地方が生産してきた。代表的な産地としては秋田県の**秋田平野**や山形県の**庄内平野**などが挙げられる。

熱心な品種改良も東北の米作りの特徴。品種改良で誕生したブランド米と言えば、かつては新潟の**コシヒカリ**と宮城の**ササニシキ**が二大ブランドとして一世を風靡《ふうび》したが、東北各地の農業試験場では冷害やいもち病などを克服すべく、80年代半ば以降も新たな品種が次々生み出された。

90年代に登場した宮城の**ひとめぼれ**は美味しさを維持しつつ病気に強い品種。冷めても美味しいと評判の**あきたこまち**は従来のコシヒカリより早熟で生育期に冷害の影響を受けにくいのも長所。魚沼産コシヒカリに匹敵するほど美味しいと言われるのが、これも90年代に山形県で開発された**はえぬき**。以前は東北の農業と言えば素朴で良質ながら地味な印象もあったけれど、近年はマーケティングやブランディングにも力が注がれている。その代表とも言えるのが、２００９年に命名された**つや姫**。名称を一般公募し山形県民からの投票などを経て名前を決定。その過程においてメディアにうまくとりあげられることで、デビュー前から圧倒的な知名度を獲得した。

長きにわたって国の食料政策に右往左往させられたのが東北。当時日本第二位の湖の面積を誇り、民話でも全国にその名を知られていた**八郎潟**《はちろうがた》も、米作りのための**干拓**《かんたく》でその大部分が陸地になった。そこに新たに誕生したのが**大潟村**《おおがたむら》。入植者が集められ大規模な農業が期待されたが、名のある湖を干拓してまで米作りの準備を整えられた途端に、国から**減反政策**《げんたんせいさく》により米作りを規制されてしまう。このようなことは東北に限らず日本の各地で見られたことだけど、日本第二位というインパクトもあり、八郎潟のことは今なお記憶に残る事例となっている。

それから数十年。東北地方の農業関係者は強くなった。もう国の政策にすべてを任せるようなことはない。昨今、米を中心とした日本食は世界に広まっている。

東北の米もまた新たな販路を見出し世界の人々に愛されるようになるだろう。

果樹栽培もさかんな東北地方

山がちではあるけれど、平野や盆地も各所に展開している東北では果樹栽培もさかんに行われ、県ごとに特徴のある生産物を栽培している。

まずは青森県。冷涼で雨が少ない気候を利用して、**津軽平野**などでリンゴの栽培が行われている。**全国のリンゴ生産高のほぼ6割**を占める青森県。堂々たるリンゴ王国といえよう。

全国シェアナンバーワンと言えば、山形県の**おうとう**も挙げねばならない。漢字で表記すると**桜桃**、響きも字面も美しいこの言葉が指す果物は**サクランボ**。従来品の品種はもとより**佐藤錦**《さとうにしき》のような高級なサクランボもすっかり市場に定着した感がある。ただ高価なだけに盗難対策も大変だ。山形は**ブドウ**や**モモ**の栽培でも有名。日当たりがよく寒暖の差が激しい盆地は果樹栽培をするにはうってつけの場所。盆地のあるところではたいてい果樹栽培がさかんに行われている。

福島盆地ではモモやリンゴ、ナシなどが栽培されている。東日本大震災以降、福島県の農作物は生産も売上も芳しくない時期が続いた。しかし昨今では徐々に回復しつつある。

日本三大美林の津軽ヒバと秋田スギ

山が多い東北地方では林業も重要な産業。数年前まで難関中学の入試問題によく出たのが**日本三大美林**《びりん》と呼ばれる天然林。**木曽**《きそ》**のヒノキ**、青森の**津軽ヒバ**、秋田の**秋田スギ**。これら三大美林のうちの２つが東北に存在している。

もっとも率直に言って、現在の日本で林業は決して安泰ではない状況にある。しかし林業の役割は木材の供給にとどまらない。災害対策の面でも、自然保護の上でも、環境に配慮しつつ生活の質の向上を追求するという点においても、林業の健全な維持は欠かせないのだ。

水産業

リアス式の三陸海岸と三陸沖の豊かな漁場

東北地方の太平洋岸にあるのが**三陸海岸**。陸奥《りくおう(むつ)》、陸中《りくちゅう》、陸前《りくぜん》という３つの国に沿った海岸線。現在の県名でいうと青森、岩手、宮城の三県の沿岸。

ここは海岸線の出入りが激しく入江の多い**リアス式海岸**。地理に弱い人でも一度は耳にしたことがある用語だろう。リアスというのはスペイン語で入江を意味する言葉で、リアス式海岸というのは出入りの激しい海岸ということになる。同じようにジグザグあるいはギザギザ状の海岸線に**フィヨルド**というのがある。フィヨルドは日本にはない。というのもフィヨルドは**氷河**《ひょうが》によって削られた海岸線のことをいうのだ。一方でリアス式海岸は主に波による侵食によって形成された海岸。海岸線が単調じゃないということは景色の良いところが多くなりがちということでもある。さらに入江が多くなることで沿岸漁業や養殖漁業にも適した土地になる。

そんなふうによいことが多いリアス式海岸なのだが、メリットがあればデメリットがあるのが自然界。入江は幅が狭くなるところでもあり、同じ量の海水が押し寄せてきたとき、結果として平坦な海岸線より波の高さが増してしまうため津波には弱い。東北地方太平洋沖地震では、それが災いして大きな被害を受けてしまった。日本は災害大国でもある。大きな災害の被害は防ごうと思ってもなかなか防ぎきれるものではないけれど、それでもメリットを享受するにあたって、で

東北地方の農林漁業と伝統工芸

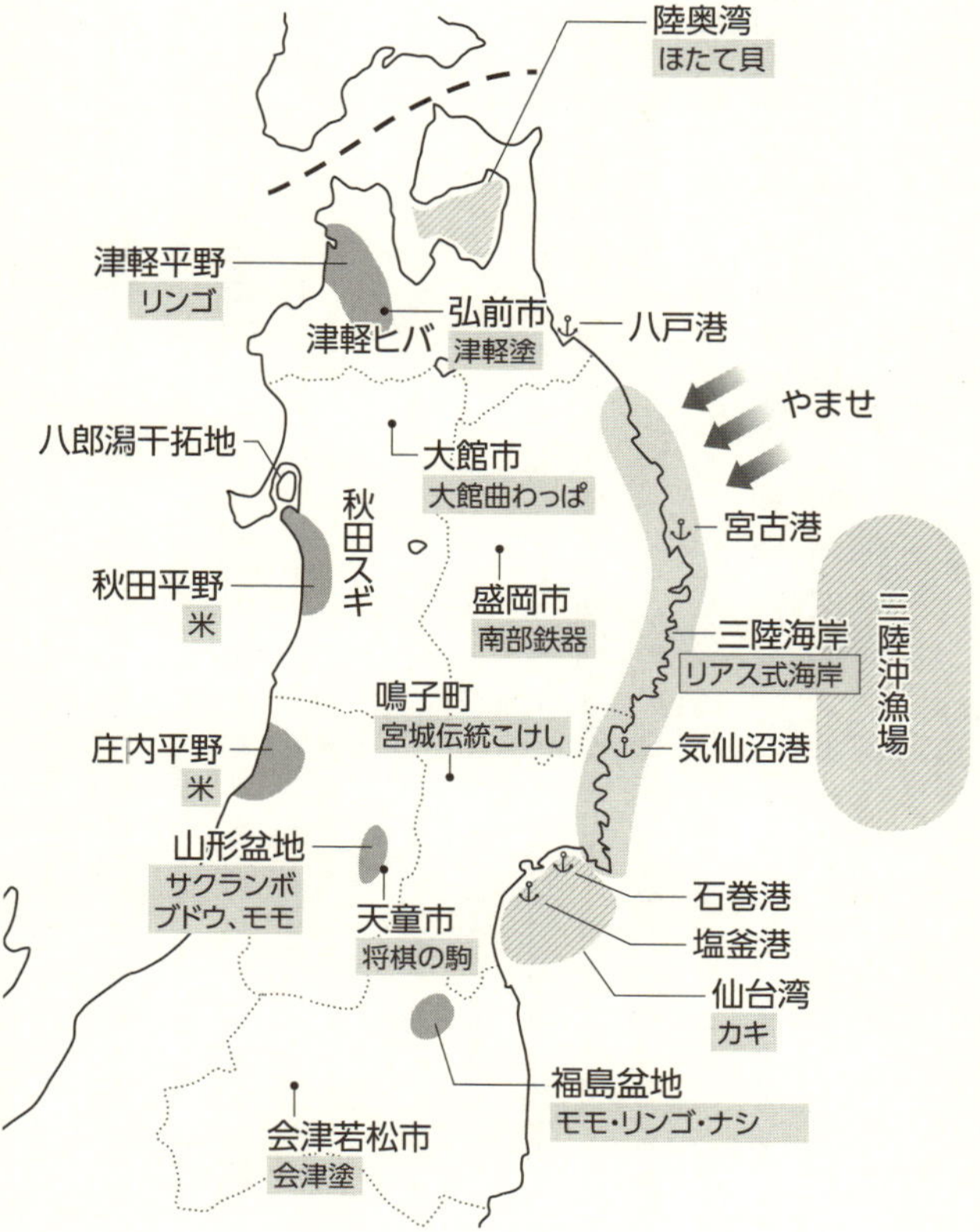
陸奥湾
ほたて貝
津軽平野
リンゴ
弘前市
津軽塗
津軽ヒバ
八戸港
やませ
八郎潟干拓地
大館市
大館曲わっぱ
秋田スギ
宮古港
秋田平野
米
盛岡市
南部鉄器
三陸海岸
リアス式海岸
三陸沖漁場
鳴子町
宮城伝統こけし
庄内平野
米
気仙沼港
山形盆地
サクランボ
ブドウ、モモ
天童市
将棋の駒
石巻港
塩釜港
仙台湾
カキ
福島盆地
モモ・リンゴ・ナシ
会津若松市
会津塗

きる限りのリスクへの備えはしておくよう心がけたいものだ。

この三陸海岸の岩手県沖には寒流と暖流が交わる**潮目**《しおめ》と呼ばれるスポットがある。三陸沖の潮目は暖流である**黒潮**（日本海流）に乗ってやってきた魚たちが、栄養分豊富な寒流である**親潮**（千島海流）に生息している**プランクトン**を餌として食するために集まることから、世界三大漁場のひとつに数えられるほどの好漁場だった。

「だった」と記したのは他でもない。何度も述べたくないけれど東北を語るには避けて通れない東日本大震災で、この海域での漁業もかなりの打撃を受けてしまったから。しかし人々の努力と時間の力は偉大だ。あれから十年以上経過した現在、この水域の漁業も震災前の水準にまで回復することができた。

東北には日本全国で13港しか指定されていない特定第三種漁港が4つもある。青森県の**八戸港**《はちのへ》、宮城県の気仙沼《けせんぬま》港、**石巻港**《いしのまき》、塩釜《しおがま》港がそれだ。これらの港を中心に東北の水産業は水産大国日本に相応しいものとなっている。また養殖漁業の方も震災で被害を受けたが、現在は順調に復興が進んでいる。

工業

近代工業におけるパイオニア的な場所

東北と聞くとどうしても農業のイメージが強いが、意外なことに近代工業におけるパイオニア的な場所だったりする。かつてラグビーで圧倒的な強さと人気を誇ったのが新日鉄釜石《かまいし》。現在の日本製鉄の前身であるその新日鉄は高度経済成長末期の1970年に富士製鉄と八幡製鉄《やはたせいてつ》の合併により生まれている。後者の八幡製鉄は名前を聞いただけでピンとくる人も多いことだろう。そう、小中を通じて地理でも歴史でも覚えさせられたあの官営八幡製鉄所をルーツとする会社だ。一方前者の富士製鉄のルーツこそ、岩手県の釜石にあった官営釜石製鉄所。その操業開始は1880年。なんと先ほど紹介したあの北九州の八幡製鉄所より二十年以上も早い。地元南部藩（盛岡藩）には近代製鉄の父と呼ばれている大島高任という偉人もいる。彼は日本で初めて洋式の高炉による鉄鉱石からの連続出銑を成し遂げた人物だ。どうだろう。東北を日本の近代工業のパイオニアというのも過言ではないと納得してもらえたのではないだろうか。

更に時代が進んで大正期になると、現在の青森県で八戸セメントなども操業を開始、この地方の工業を大いに牽引《けんいん》した。鉄もセメントも建築業やあらゆる製造業を支える。特に鉄はその重要さから産業の米とまで言われたほど。ニッチな製品でなく中核たる製品の製造拠点。かつての東北は紛れもなく近代日本の一大工業拠点だった。

人材の供給地へ

そんな東北だが戦後は様相が変わってしまう。『三丁目の夕日』を始めとして様々な作品内で描かれている**金の卵**と呼ばれた集団就職に代表されるように、東北は自前で工業を行うよりは、人材の供給地として重宝されるようになってしまった。この頃はまだ首都圏においても、土地利用は商業用途や居住用途より工業用途が優先され、またお金になっていたのだ。それゆえ**京浜工業地帯**《けいひんこうぎょうちたい》に代表されるような東京湾岸に位置する東京、川崎、横浜、千葉など各地に一大コンビナートが形成され、さまざまな工場がモーレツに生産を競った。

そんな南関東の工業を支えたのが、東北をはじめ地方から上京した若者たちだった。彼らは工場労働に従事し日本の高度経済成長を支えた。現在の首都圏出身者の中には、金の卵二世や三世さらには四世も大勢いるはず。このように人材を供給したことで東北では早くも過疎《かそ》と呼ばれる人口減に悩まされる地域も登場。冬の農閑期《のうかんき》に父親が家族をおいて上京、建築現場などで働き、仕送りをする**出稼《でかせ》ぎ**も頻繁に行われるようになった。

シリコンロード、東北の工業の復活と空洞化

バブル期に入ると、そんな様相に変化が見られるようになる。商業用地や住宅用地が不足した首都圏では地上げが行われるようになり、土地コストや人件費のコスト安を求めた工場の郊外や地方への移転が活発になる。安価な地代と割安な人件費に加え、交通網の発達がそれを後押しする。一方で地方の自治体もまた雇用と税収の確保のため、さかんに誘致《ゆうち》を行う。その結果、多くの電子部品工場が東北に進出してきた。

その中でもメインは新しい産業の米と呼ばれるようになった半導体を使ったＩＣ（集積回路）の製造だった。ＩＣに不可欠な材料がシリコン。東北のＩＣ工場が東北自動車道沿いに集中していたことから、**東北自動車道**は**シリコンロード**と呼ばれた。ちなみに同じような言い回しとして、アメリカのカリフォルニア州の

サンフランシスコ近郊をシリコンバレー、九州をシリコンアイランドと表現することもあった。ＩＣ産業が活発なアメリカには他にもシリコンプレーリー、シリコンデザート、シリコンフォレストなどがある。90年代に少なくとも表向きは日本に経済的に追いつかれていたアメリカが、見事な復活を遂げたことにＩＣが大きな役割を果たしていることがわかる。

ＩＣ工場の進出によって上向いた東北の工業と経済だったが、経済が上向けば土地コストも人件費も高騰するのが世の常。首都圏に対してコスト面でアドバンテージがあった東北も、皮肉なことにその発展とともに工場を経営する企業にとってての利点は薄れていく。首都圏から東北に移転してきたＩＣ工場は、今度はさらに安価な工業用地と安い人件費に惹かれて中国や韓国、さらには東南アジアの各国へと製造拠点を移す。こうして東北の各地で産業の空洞化が進んだ。

この傾向は東北にとどまらず、現在日本の各地で同様の現象が発生し雇用と税収の喪失が大きな問題となった。かつて日本の高度経済成長を支えた製造業、特に工場における製品加工業が、再び活気を取り戻すときは来るのだろうか。

海外からも注目される伝統工芸品

東北の工業のもうひとつの顔が**伝統工芸**。雪深い東北では田畑に出ることができない冬に家計を支えるため内職作業は欠かせなかった。地元の原材料を生かした手作業による特産品の生産、それは長い年月を経て試行錯誤の結果、見事な伝統工芸品に昇華した。その中でも経済産業省の審査を経て指定を受けたものが伝統的工芸品として認定され**伝統証紙**を貼ることが許されている。

青森の**津軽塗**《つがるぬり》は弘前《ひろさき》を中心とした津軽地方で生産される漆器。大きいものではテーブルから小さなものでは箸まで、丹念に漆《うるし》を塗り重ねて作られる。岩手県からは**南部鉄器**《なんぶてっき》を紹介しよう。盛岡や水沢などで作られる鉄製の瓶や風鈴だ。秋田県では大館の曲《ま》げわっぱを取り上げたい。木を巧みに曲げて制作されたお弁当箱や重箱《じゅうばこ》、おひつなど。まさに職人芸の結晶だ。宮城県は伝統こけし、山形県からはおなじみ**天童**《てんどう》**の将棋の駒**、福島県からはあの石川県の輪島塗《わじまぬり》より歴史が古いという**会津塗**を紹介したい。

ここに挙げたものは伝統工芸品のごく一部。後継者問題などもあるが、昨今これらの品々は海外からの需要も高くなっている。クールジャパンはアニメの専売特許ではないのだ。

交通

みちのくと呼ばれた東北を首都圏にぐっと近づけたのが**東北自動車道**と**東北新幹線**。

東北自動車道は埼玉県の川口ジャンクションを起点に、青森まで700キロ弱の距離を結ぶ。都市部を抜けると道も空いて走りやすいのだが、些か単調な道路ではあるので、眠くならぬよう十分に休憩を取りながら運転したい道路だ。

東北地方の真ん中よりやや太平洋側を貫く大動脈が東北自動車道、そこからは多くの枝線も延びている。郡山からは**磐越**《ばんえつ》**自動車道**、福島からは2021年に全線開通したばかりの**東北中央自動車道**、宮城県の村田ジャンクションからは**山形自動車道**、岩手県の北上ジャンクションからは**秋田自動車道**、同じく花巻ジャンクションからは2019年に全線開通のこれも新しい**釜石自動車道**、やはり岩手県の安代《あしろ》ジャンクションからは**八戸自動車道**、さらに秋田県の小坂ジャンクションからは秋田自動車道、と多くの自動車道が東北自動車道と接続し、様々な方面に人や物を運んでくれる。さらに各々の自動車道はまた有料道路や一般道とも繋がり、東北の道路ネットワークを形成している。

埼玉県の三郷ジャンクションを起点に、茨城県を経て福島県から宮城県まで、より海沿いに近い地域を走るのが**常磐《じょうばん》自動車道**。その常磐自動車道から仙台東部道路を経て、宮城県内を貫き、岩手県の宮古に至るのが、三陸縦貫自動車道と三陸北縦貫道路。これらは更に北へ向かう八戸・久慈自動車道とリンクし**三陸沿岸道路**と総称。復興道路・復興支援道路として例を見ない迅速さで建設が進み、2021年には全長570㎞に及ぶ壮大な道路の全線開通が予定されている。

日本海側でも日本海東北自動車道の建設が進んでおり、全線開通の暁には秋田から新潟までの250㎞が高速道路で結ばれることとなる。

鉄道にも触れておこう。東京駅から新青森駅までの674㎞を、最速なんと3時間で結ぶのが東北新幹線。もはや青森も東京への日帰り圏になってしまった。なお新青森駅は2016年に開業した北海道新幹線の起点ともなっていて、**青函トンネル**経由で、新函館北斗駅までを約1時間で結んでいる。こちらに至っては経済的に見合えばだが、通勤通学すら可能な時間。かつて「狭い日本そんなに急いでどこへ行く」という交通標語があったが、旅してみると意外に広い日本とは言え、昔に比べて所要時間の上ではどんどん狭くなっているのは間違いないようだ。なお東北地方には東北新幹線の他にも、在来線の軌道を使った**秋田新幹線**や

東北地方の交通

（本を縦にしてお読み下さい）

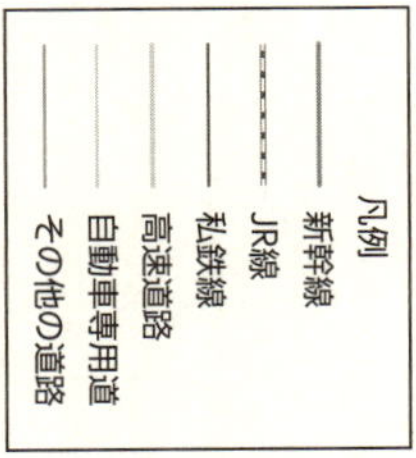

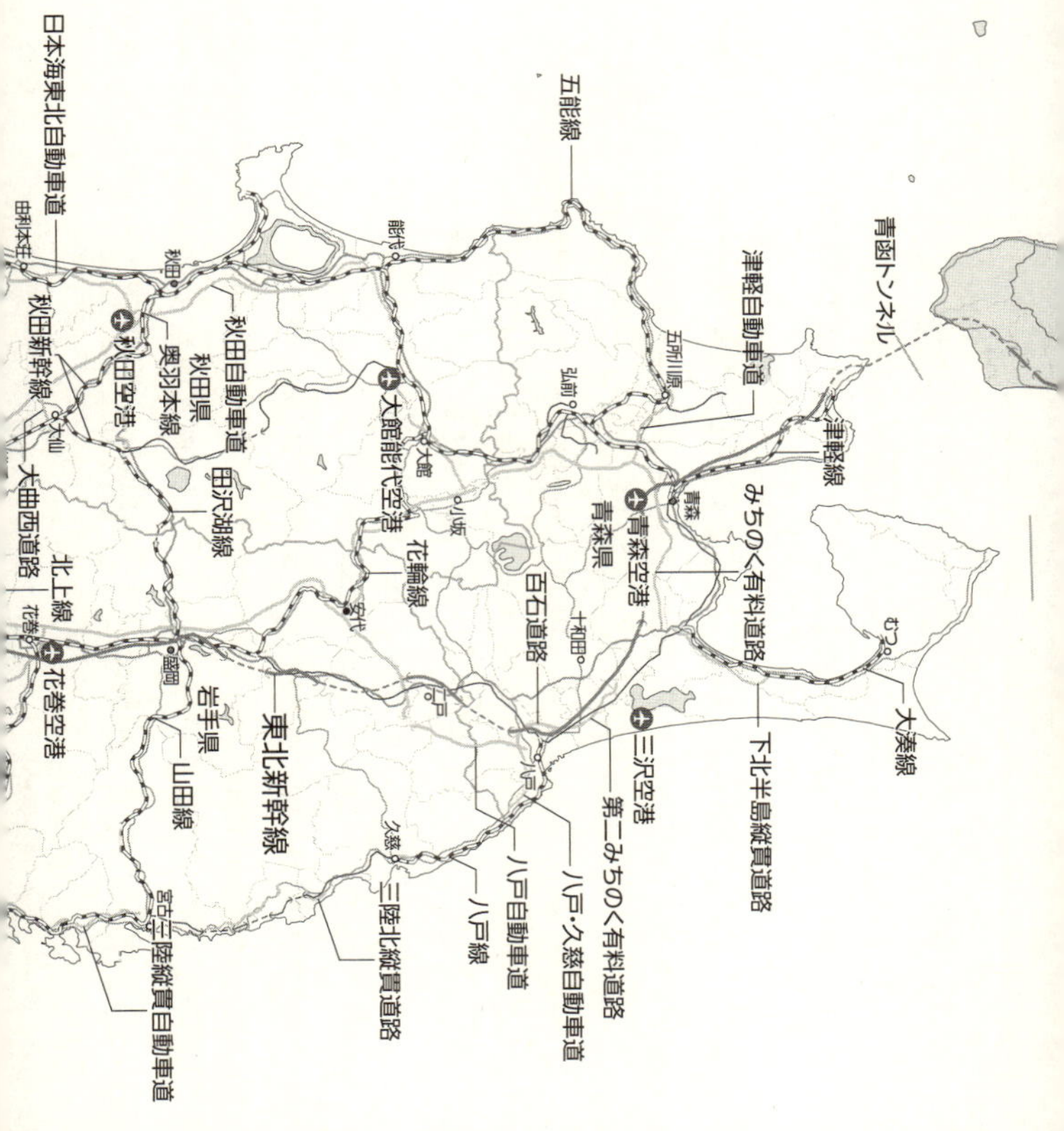

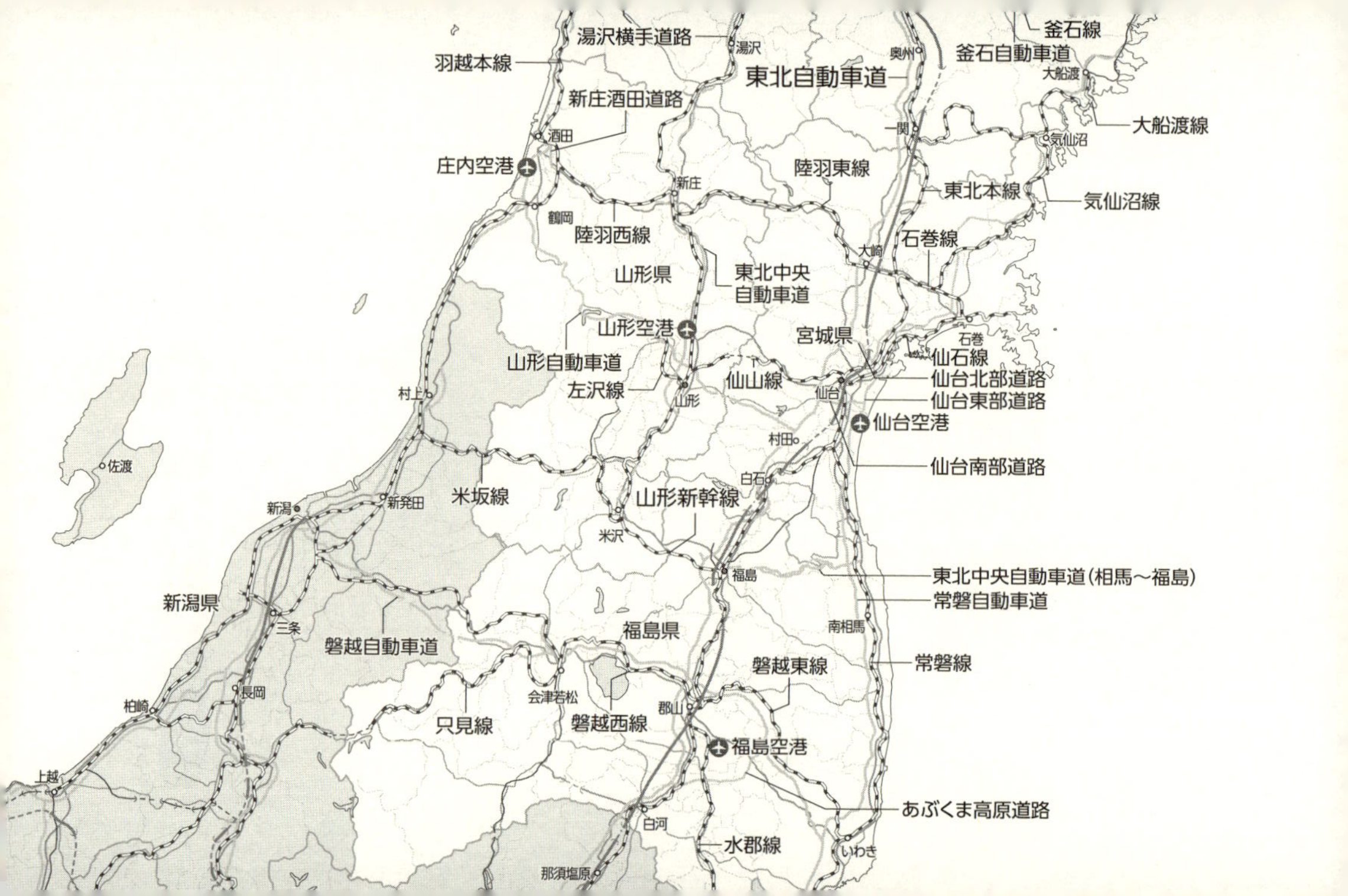

湯沢横手道路
湯沢
奥州
釜石線
釜石自動車道
大船渡
羽越本線
東北自動車道
新庄酒田道路
大船渡線
一関
酒田
気仙沼
庄内空港
陸羽東線
新庄
東北本線
気仙沼線
鶴岡
陸羽西線
石巻線
大崎
山形県
東北中央
自動車道
山形空港
宮城県
石巻
仙石線
山形自動車道
仙山線
仙台北部道路
村上
左沢線
仙台
仙台東部道路
山形
仙台空港
村田
佐渡
仙台南部道路
白石
米坂線
山形新幹線
新潟
新発田
米沢
福島
東北中央自動車道(相馬〜福島)
新潟県
常磐自動車道
三条
南相馬
福島県
磐越自動車道
磐越東線
常磐線
長岡
柏崎
会津若松
郡山
只見線
磐越西線
福島空港
上越
あぶくま高原道路
白河
水郡線
いわき
那須塩原

地図でわかる東北地方の名所と観光

東北地方の主な観光地を地図で紹介。
（本を縦にしてお読み下さい）

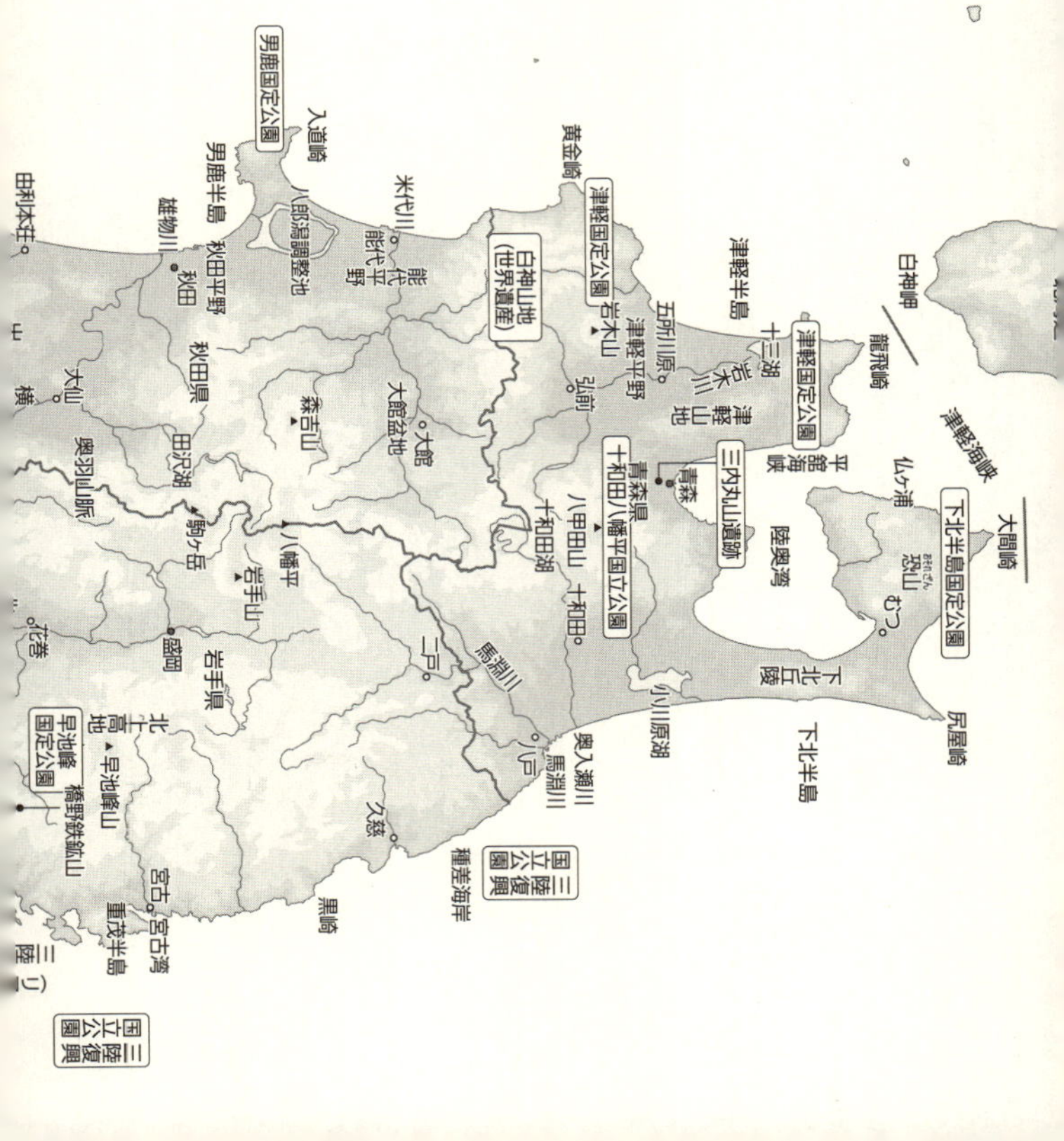

日本海
太平洋
佐渡海峡
佐渡島
佐渡
弾崎
鳥海山
鳥海国定公園
丁岳山地
最上川
酒田
庄内平野
鶴岡
新庄
新庄盆地
山形県
月山
湯沢
胆沢城
奥州
大船渡
平泉（世界遺産）
三陸海岸
栗駒山
一関
気仙沼
栗駒国定公園
大崎
北上川
仙台平野
石巻
牡鹿半島
石巻湾
宮城県
多賀城
松島湾
仙台
仙台湾
三陸復興国立公園
名取川
阿武隈川
山形盆地
朝日山地
朝日岳
村上
山形
蔵王国定公園
蔵王山
磐梯朝日国立公園
阿賀野川
米沢盆地
白石
新潟
新発田
飯豊山
米沢
越後平野
飯豊山地
福島
吾妻山
阿賀川
三条
磐梯山
南相馬
会津盆地
猪苗代湖
福島県
会津若松
長岡
越後山脈
郡山
阿武隈高地
柏崎
只見川
新潟県
大内宿
越後三山只見国定公園
上越
信濃川
駒ヶ岳
白河
那須岳
那須火山
いわき
塩屋埼
燧ヶ岳
帝釈山
那須塩原
八溝山

山形新幹線が走っている。

空港は青森県には**青森空港**と**三沢空港**、岩手県には**いわて花巻空港**こと**花巻空港**、秋田県には**あきた北空港**こと**大館能代空港**と**秋田空港**、宮城県には**仙台空港**、山形県にはちょっと変わった愛称を持つ**おいしい山形空港**こと**山形空港**と**おいしい庄内空港**こと**庄内空港**、そして福島県には**福島空港**と各県にバランスよく配置されている。

この他に昔に比べるとめっきり航路は減ったが、苫小牧－仙台－名古屋航路などフェリー路線も健在。海から、東北に来る人々を迎え、そして旅立っていく人々を見送っている。

歴史

中央政権と対立してきた東北の実力者たち

東北の歴史は中央との戦いの歴史でもある。かつての日本の政治と文化の中心地であった近畿《きんき》から離れているせいか、東北には時の中央政府と戦い、志《こころざし》半ばで倒れた悲劇の英雄が多い。

平安時代、この地で自治を行い暮らしていた人々を、中央の朝廷は蝦夷《えみし》と呼び、彼らを支配下に組み込むべく幾度も遠征軍を派遣した。その拠点として有名なのが宮城県の**多賀城**《たがじょう》。

数々の遠征の中でも、征夷大将軍**坂上田村麻呂**《さかのうえのたむらまろ》のそれはあまりにも有名だ。一方の蝦夷と呼ばれた人々の側にも、**アテルイ**という勇敢で思慮深い指導者がいた。坂上田村麻呂は現在の岩手県に後に胆沢城《いさわじょう》と呼ばれる拠点を築き、アテルイ率いる蝦夷合同軍と一進一退の攻防を繰り返す。最後はアテルイが服従の意思を示した。アテルイとその副官モレは畿内《きない》にまで連行される。当初の約束では降伏すれば二人の命までは取らぬ事になっていたとも言われる。はじめから騙し討ちにするつもりではなかった田村麻呂も必死に二人の命乞いをする。しかしアテルイとモレ、彼らの指揮する蝦夷軍の力を大いに恐れた朝廷は二人を処刑。その後指導者を失った蝦夷の人々は朝廷の支配下に組み込まれてしまった。

前九年の役・後三年の役

中世においても、大規模な合戦が起こる。きっかけは陸奥国土着の豪族安倍氏が朝廷の搾取に反発したこと。これを抑えるため朝廷は武勇の誉れ高い**源頼義**《みなもとのよりよし》を派遣する。頼義は苦戦したが、出羽の豪族清原氏を味方につけることでようやく安倍氏に勝利する。これが**前九年の役**と呼ばれる戦。

その後この地を治めていた清原氏に家督争いが起こると、陸奥守を拝命して現地で任官していた源頼義の子である**八幡太郎**《はちまんたろう》こと**源義家**《みなもとのよしいえ》がこれに介入。その結果、再び大きな戦に。これが**後三年の役**。これらの出来事は源氏の武名を東国に轟かせるきっかけとなった。

藤原泰衡VS源頼朝

平安時代末期、東北は栄華を迎える。岩手県**平泉**《ひらいずみ》を中心に中央に匹敵するほどの勢力を誇った奥州藤原氏の繁栄だ。特に**清衡**《きよひら》、**基衡**《もとひら》、**秀衡**《ひでひら》の3世代は奥州藤原三代と呼ばれ、その栄光は人々の胸に刻まれている。

秀衡は牛若丸こと**源義経**《みなもとのよしつね》を匿《かば》ったことでも有名。その秀衡の子、**泰衡**《やすひら》はいわば不肖の息子。秀衡は源義経を奇貨《きか》とみなし、泰衡に、彼を匿い通していざとなったら頭領に担いで奥州藤原氏を守れ、と言い残す。源平合戦の折、源氏の侍大将として平氏を滅ぼした源義経。しかし彼はもはや用無しとばかりに兄頼朝《よりとも》から

前九年の役と後三年の役の関係図

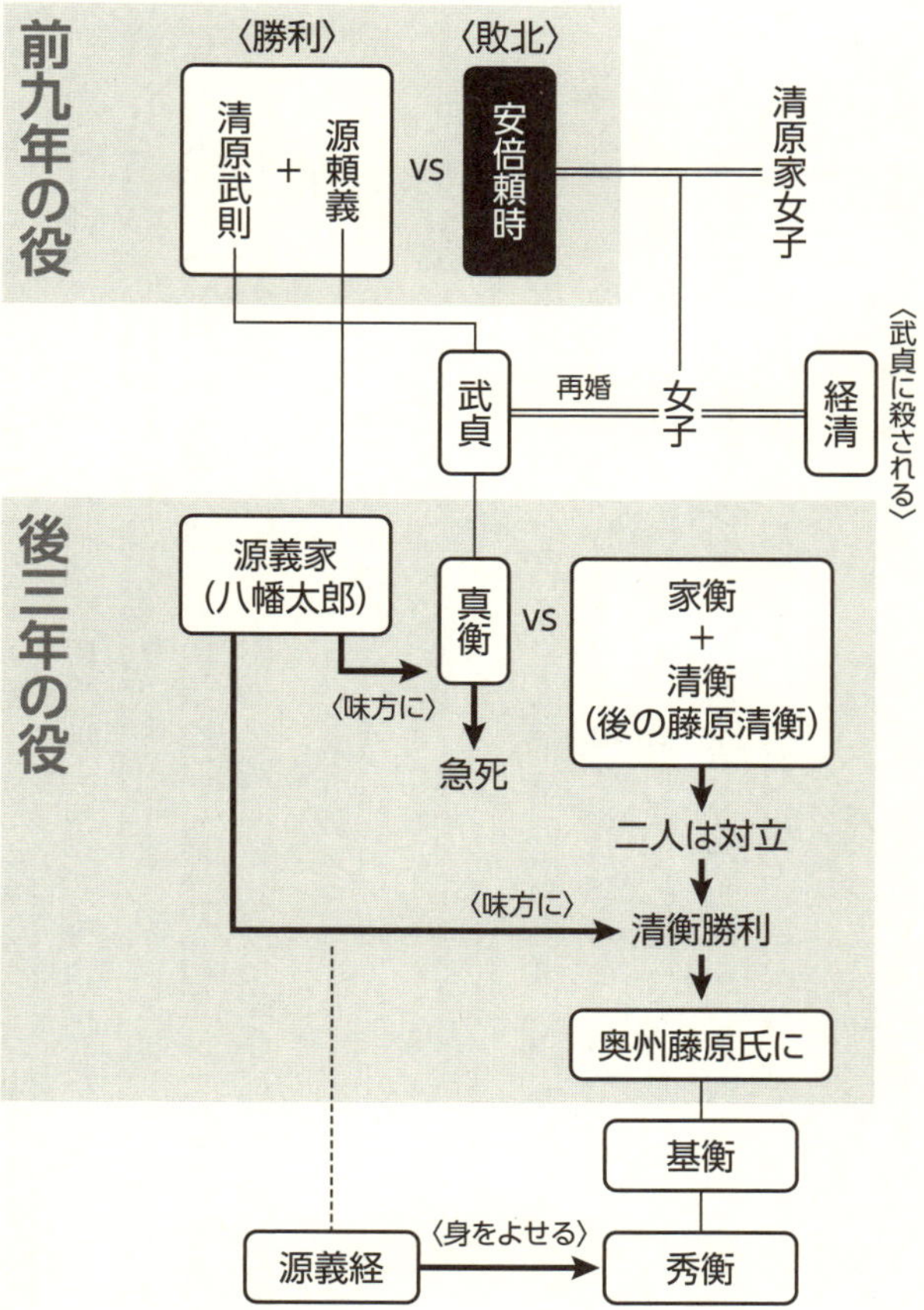

追手を向けられる。這々の体で兄の軍勢から逃れてきた義経を、泰衡は最初は歓待する。しかし義経への嫉妬からか頼朝への恐怖からか、泰衡は義経を裏切り、油断しているところを攻め滅ぼす。この手柄で頼朝に擦り寄るつもりだったのだろうが、戦の天才である義経を自ら葬った奥州藤原軍は頼朝の軍勢には刃が立たなかった。かくして父の遺言を無下にした泰衡は滅ぼされ、奥州藤原氏の栄光も時代の露と成り果てた。

「**夏草や　つわものどもが　ゆめのあと**」とはまさに言い得て妙。なおこの時に焼かれずにすんだ**中尊寺《ちゅうそんじ》金色堂《こんじきどう》**は世界遺産にも登録され、現代に生きる人々に奥州藤原氏の栄華の一端をみせてくれている。

戦国時代から安土桃山時代にかけ、各地では群雄割拠の言葉に相応しい戦いが繰り広げられたが、この東北の地でもさまざまな武将が勢力を競った。その中で最も有名な人物は独眼竜《どくがんりゅう》こと伊達政宗だろう。東北にとどまらず彼の人気は全国区となっている。しかしながら東北の混沌を収束させる足がかりを作ったのは、彼の実父である伊達輝宗と伯父である最上義光であった。このことはしっかり付記しておきたい。

秀吉による天下統一後、越後《えちご》から移封されてきたのが直江兼続を陪臣《ばいしん》とする上杉謙信の養子・上杉景勝。その後東北では伊達・最上・上杉の三者の勢力が拮抗し、関ヶ原の戦いが行われている最中に、こちらでも北の関ヶ原こと**慶長出羽合戦**、いわゆる**長谷堂合戦**が起こった。本家の関ヶ原は小早川秀秋の寝返りにより雌雄が決したが、こちら東北の関ヶ原では、日和見を決め込んだ伊達政宗が、最終的に勝利を手にしている。

奥羽越列藩同盟VS新政府軍

時代は飛んで幕末。現在の福島県にあった会津藩は、藩祖保科正之《ほしなまさゆき》以来、徳川一門の一画として幕府を支えていた。幕末の時点での藩主は英邁《えいまい》で勤皇《きんのう》の人として知られる**松平容保《まつだいらかたもり》**。彼は動乱激しい京の治安を維持する重責である**京都守護《きょうとしゅご》職《しょく》**に任じられる。受ければ藩が潰れると家臣一同猛反対したその職を、責任感の強い容保は受けてしまう。

ちなみに会津藩には京の市中警備治安維持のため集められた実働部隊として**新《しん》撰組《せんぐみ》**が預けられる。孝明《こうめい》天皇の信頼を得た当代随一の勤皇家が、勤王《きんのう》の志士を粛清する部隊の管轄をさせられたのだから、既にこのときに悲劇は始まっていたと言っていいだろう。容保に京に上ることを命じたのは幕府と朝廷だった。そして彼と会津藩士はその重責を立派に務め果たした。

しかし**大政奉還**《たいせいほうかん》の後、江戸幕府に変わって新政府が誕生すると、その中心となった薩摩《さつま》と長州《ちょうしゅう》の藩士は、新撰組への恨みや幕府残存勢力徹底壊滅の必要性から、会津藩を朝敵と認定する。これには多くの藩が同情を寄せる。そもそも会津が京に上ったこと自体、朝廷の命によるものなのだ。

会津藩に同情した東北を中心とする諸藩は**奥羽越列藩同盟**《おううえつれっぱんどうめい》を結成。北上する薩長を中心とする新政府軍に対峙した。しかし天皇の軍隊であることを示す錦《にしき》の御《み》旗《はた》と新式の兵制や兵器の威力に同盟は壊滅。孤立無援となった会津藩は鶴ヶ城《つるがじょう》こと会津若松城を舞台に激しい戦いに挑み敗れる。あの有名な**白虎隊**《びゃっこたい》の悲劇があったのもこのときのことだ。

過去において権力と対峙する側になる悲哀を十分すぎるほど味わったせいか、明治以降の東北は権力に抗わぬ保守王国となった。岩手県などは多くの首相を輩出しているし、前述したとおり菅義偉第九十九代内閣総理大臣もまた東北は秋田県の出身だ。

第三章
関東地方

栃木県
群馬県
宇都宮市
前橋市
茨城県
水戸市
さいたま市
埼玉県
東京都
新宿区
千葉市
横浜市
神奈川県
千葉県

関東、その言葉の響きは力強く勇ましい。それもそのはず、かつて関東は武家の都だった。その名前の由来は文字通り「関所の東」を意味する。ここでいう関所とは、美濃《みの》の不破《ふわ》の関、越前の愛発《あらち》の関（後に近江《おうみ》の逢坂《おうさか》の関に）、そして伊《い》勢《せ》の鈴鹿《すずか》の関の３つ。これらは**三関**《さんかん》とも称される。当時の都は今で言う奈良や京都。関東なる呼称は由緒あるものだということがわかる。

もっとも日本一の広大な関東平野を擁するものの、古代から中世にかけては都から遠く離れていたために比較的のどかな土地だった。しかし江戸時代以降は急速な発展を遂げ今日に至る。

各都県

北に3県　南に4都県の関東

関東地方を構成する都道府県は全部で７つ。大きく北の**群馬**《ぐんま》、**茨城**《いばらき》、**栃木**《とちぎ》の３県と南の**埼玉**《さいたま》、**千葉**《ちば》、**東京**《とうきょう》、**神奈川**《かながわ》の４都県に分けるのがわかりやすい。

まず北関東からさらっていこう。北関東の３県は、いずれも東北地方である福島県に面している。そのためなのか北関東では場所によっては東北弁に近いイントネーションやアクセントを耳にすることができる。インターネットのネタスレやテレビのバラエティ番組などでは揶揄されることが多いのが北関東の3県。

　でも、首都東京まで日帰りできる距離、かつての臨海部《りんかいぶ》の工業に代わって発達した内陸型工業、大消費地に近いアドバンテージを活かした全国的にも高いレベルの農業生産、となかなかの好条件を兼ね備えた地方なのだ。

　県庁所在地の名称と県の名前が異なるのも3県共通。太平洋側から、江戸時代には御三家の水戸《みと》藩が置かれた**水戸市**に県庁がある茨城県、餃子で有名な**宇都宮《うつのみや》市《し》**を県庁所在地とする栃木県、そして**前橋市《まえばしし》**が県庁所在地の群馬県。その群馬県は新潟県と長野県にも接している。また栃木県と群馬県は日本に8つしかない海なし県でもある。

　一方の南関東は狭義の首都圏《しゅとけん》と捉えるとわかりやすい。こちらは東京都を中心に考えるといいだろう。東京都の北部が埼玉県で県庁所在地は**さいたま市**。三十代以上の人の中にはこのさいたま市に違和感を覚える人もいるのでは。そう、埼玉県の県庁所在地は以前は浦和市《うらわし》だった。2001年に平成の大合併で、浦和市と、そのライバル大宮市《おおみやし》、さらに与野市《よのし》を加えた3市が合併して、さいたま市が生まれ、100万都市の仲間入りを果たした。その後さいたま市は2003年、一般の市町村より強く幅広い自治権を認められた政令指定都市になり、さらに2005年には雛人形の生産で有名だった岩槻市《いわつきし》を編入した。

東京の東隣は千葉県、県庁所在地も**千葉市《ちばし》**。太平洋沿岸の外房《そとぼう》はどちらかというと北関東に近い雰囲気を醸し出しているが、東京湾岸の内房《うちぼう》は東京のベッドタウンの印象が強い。

東京の南隣にあるのが神奈川県。県庁所在地は、日本第2位の人口を擁する**横浜市《よこはまし》**。

首都圏に属する各県は鉄道網・道路網ともに都心から放射線状に結ばれていて、さらに首都圏一帯を同心円状に環状線も巡っている。政治経済文化の重要機関、情報と人員が集約し、日本はもとより世界中から多くの人が集まる。この東京一極集中を如何に解消するかも、現在の日本に課せられた大きな課題となっている。

気候

温暖な太平洋岸式気候と典型的な内陸性気候

関東地方の太平洋岸は一年を通じて比較的温暖。これは太平洋岸を南から北に流れている黒潮（日本海流）のおかげ。海流は一年を通して同じ方向に流れているので、冬も南から暖かい水と空気を運んでくれているというわけだ。

これに加えて夏は南東の季節風が吹く。季節風は海上を通過するときに水分を含んでくる。そのために太平洋岸は夏の降水量が多め。これが典型的な太平洋岸（式）気候というやつだ。

一方内陸部は、夏と冬、昼と夜の気温の差が激しい。これも典型的な内陸性の気候。熱しにくく冷めにくい水に対して、土は熱しやすく冷めやすい。このことから内陸は、寒暖差が激しい気候になりがちだ。

背後に越後山脈が控える上州（群馬県）では、**からっ風**と呼ばれる冬の季節風が有名だ。北西から吹いてくるこの風が運ぶ空気は、山を越える際に温度と気圧の低下で水分を放出する。その状態で下りに転じるので、山越えの風は乾燥しているというわけだ。

上州と言えばこれも名高いのが赤城山。その赤城山の南東には同じメカニズムからやはり冬に冷たく乾いた風が吹き下ろす。これが有名な赤城おろしだ。

東京都には多くの離島が属している。**伊豆大島**《いずおおしま》や**八丈島**《はちじょうじま》を含む**伊豆諸島**も東京都。南の海上にあることから一年を通して降水量が少なく温暖な地域。やはり東京都に属する**小笠原諸島**《おがさわらしょとう》は、海路で約一日かけてようやく到着する南海の島々。あの沖縄本島とほぼ同じ緯度にあり、年中暑い亜熱帯気候区だ。

人間が作った大都市のヒートアイランド現象も

本来気候というのは人智を超えた自然の御業なのだけれど、近年では人工的な要素も大いに気候に影響を及ぼすようになっている。たとえば首都圏を始めとする大都市圏では、夏に異常に気温が上がることがある。それがヒートアイランド現象というやつだ。

「ヒート（熱の）アイランド（島）」、気温の分布図をみると、ある一帯だけが真っ赤っ赤で、まるで熱の島のようにみえる、ということから名付けられたこの現象。アスファルトやコンクリートで舗装された地面は、天然の土などに覆われた地面に比べて保水性に乏しい。自然の状態なら、太陽からの熱エネルギーは地面が含む水分を温めるのに使われ、その残りが周囲の温度を高くする。夏の暑さ対策として行われていた打ち水は、このメカニズムを利用したものだ。人工的に舗装された地面では、熱エネルギーが水分の蒸発に使われることなく、暑さとして伝わりやすい。これが都市部が高温になりやすい原因その一。

さらに都市部では大勢の人が生活を営んでおり、エアコンなどによる人工排熱も相当なものになる。これが原因その二。他にもいくつもの要因が絡んでヒートアイランド現象が発生すると言われている。

ヒートアイランド現象が起こると上昇気流が生じるため、ゲリラ豪雨が起こりやすくなるとも言われている。ヒートアイランド現象は人間によって作られたもの、ならば人間の叡智でこれを防ぐこともできるということ。コントロールの及ぶうちになんとか手立てを講じたいところだ。

地形

関東平野は利根川の賜物

国土の７割を山地が占める日本。自然に恵まれた素晴らしい国なのだが、正直なところ山地は人が生活するのに向いているとは言い難い。つまり、日本の国土において人が住みやすい土地というのは極めて限られているということになる。

そんな国土にあって例外とも言えるのが、これから紹介する**関東平野**。一都六県に跨《また》がるこの日本最大の平野はなんと国土の5％、日本全体の平野の約5分の1を占める広さを持つ。関東平野なくして関東の発展はなかったと言えるだろう。その関東平野、面積は四国地方とほぼ同じ。驚きの広さだ。

その関東平野を西から東へ流れるのが流域面積日本一の**利根川**《とねがわ》。**坂東太郎**《ばんどうたろう》の異名を持つこの川は、長さにおいても**信濃川**《しなのがわ》に次ぐ日本第2位。**渡良瀬川**《わたらせがわ》や**鬼怒川**《きぬがわ》といったメジャーな川も実は利根川の支流だったりする。

関東平野の東端では、**鹿島灘**《かしまなだ》沿岸と**九十九里浜**《くじゅうくりはま》の海岸線が＞型に連なる。＞の頂点に当たるのが、港街**銚子**《ちょうし》にある犬吠埼《いぬぼうさき》だ。犬吠埼で利根川は太平洋に注ぎ込む。一方、**房総半島**《ぼうそうはんとう》と**三浦半島**《みうらはんとう》に囲まれた東京湾には、利根川の分流である**江戸川**《えどがわ》、奥秩父に水源を持つ**荒川**《あらかわ》、荒川から分岐する**隅田川**《すみだがわ》、**多摩川**《たまがわ》などの河川が注ぎ込む。

さらに西に目をやれば三浦半島と伊豆半島に挟まれた**相模湾**《さがみわん》には、**山中湖**《やまなかこ》を水源とし、**相模湖・津久井湖**《つくいこ》というダム湖を経て、相模川が注ぎ込んでいる。

関東地方の地形

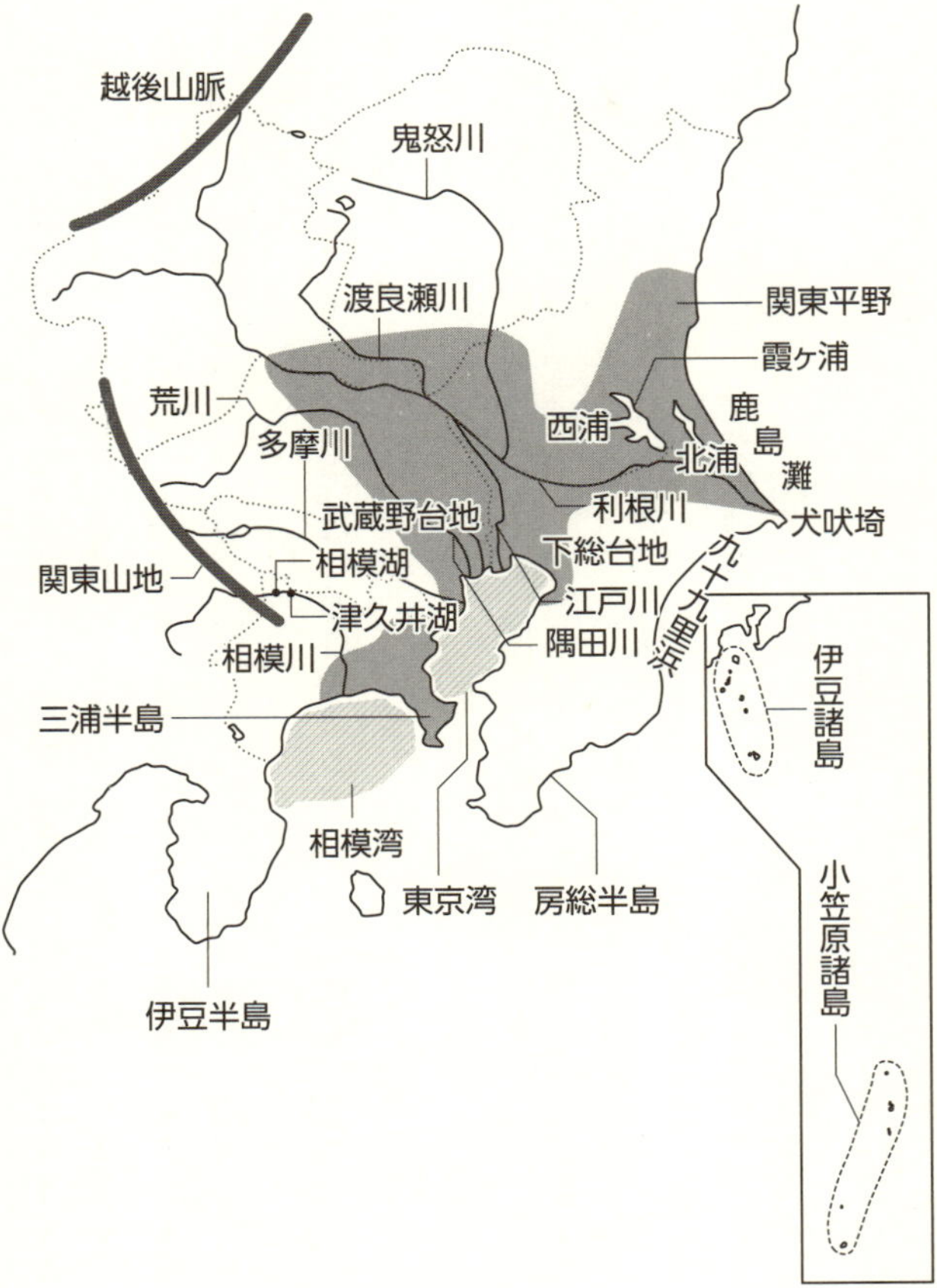
越後山脈
鬼怒川
渡良瀬川
関東平野
霞ヶ浦
荒川
西浦
鹿島灘
多摩川
北浦
利根川
武蔵野台地
犬吠埼
下総台地
相模湖
関東山地
江戸川
津久井湖
九十九里浜
隅田川
相模川
伊豆諸島
三浦半島
相模湾
東京湾
房総半島
小笠原諸島
伊豆半島

関東平野の東西は、火山灰や赤土が粘土化した土壌である**関東ローム**の上にある**下総台地**《しもうさだいち》と**武蔵野台地**《むさしのだいち》で、小高い地形となっている。茨城と千葉の県境近くの霞《かすみ》ケ浦《うら》は日本第2位の面積を誇る湖。ハート型の方が西浦で、細長い方が北浦。関東平野の背後には**越後山脈**と関東山地が「く」の字を描くように関東平野を守る塀のように聳《そび》える。

こうして概観すると関東が、平野はむろんのこと、山水にも恵まれた土地であることがよくわかる。

水産業

銚子のイワシ、三浦のマグロ、茨城にも好漁場!?

関東地方で漁業といえば、千葉県の**銚子港**と神奈川県の**三崎港**があまりにも有名。どちらの港も特定第三種漁港に指定されていて、銚子港は平成後半に連続して水揚げ量日本一の座に輝いている。主にとれるのはイワシやサバ、サンマなど食卓でおなじみの魚たちだ。

三浦半島の先端の三浦市三崎にある三崎漁港の知名度を全国区に引き上げたのはなんと言ってもマグロ。ブームに乗っていち早く観光地化にも成功し、都心に近いこともあって、魚だけでなく人を集めることにも成功した。

銚子のある千葉と三崎のある神奈川の漁業は、随分前から全国にもその名を轟かし、関東の水産業を語る上では当たり前すぎる話題なのだが、関東にはひとつ意外な漁業県がある。それが茨城県。

目と鼻の先に銚子があるため目立たないが、サバやイワシなどで顕著な漁獲高を誇る**波崎新港**《はさきしんこう》もあれば、琵琶湖に次ぐ面積日本第2位の湖である霞ヶ浦もワカサギやシラウオの釣れる好漁場。さらに淡水魚を獲る内水面漁業もさかん。コイや金魚、ナマズなど養殖も活発に行われている。

最近ではアニメ『ガールズ&パンツァー』の影響で、作画中の舞台となった大洗町のアンコウもすっかりメジャーになった。「西のフグ、東のアンコウ」と言われるほどだとか。

かつては御三家の水戸藩から将軍家に献上されたアンコウ。フグに並ぶ美味というのも納得がいく。

耕地面積の割合日本一の茨城県

その人口の多さゆえ消費地としての側面ばかりに目が行きがちな関東地方。しかし、実は食料供給地としてもなかなか優秀な地域だったりする。大消費地である東京に近いから輸送コストがそれほどかからない。これが近郊農業の強み。

北関東最大はもちろんのこと、日本でも北海道に次ぐ規模の農業を誇るのが茨城県。都道府県面積に対する耕地面積の割合では、あの北海道さえも凌いで長年にわたって1位をキープしている。

その茨城県とかつて様々な品目で生産額全国2位を競っていたのが千葉県。千葉県はいまでも上位の常連県ではあるが、東京に近いゆえに宅地化が進んでいて農業生産額は減少傾向にある。松戸《まつど》（当時は大橋村《おおはしむら》）に住んでいた松戸少年によって苗木が発見された日本ナシ（二十世紀）が千葉発祥の果物であるというのはちょっとしたトリビアだろう。畜産大国としても健在だ。

栃木のとちおとめ、群馬の下仁田ネギ

栃木県はブランドイチゴのとちおとめに代表されるようにイチゴの栽培で群を抜く。

その隣の群馬県は**下仁田町**《しもにたまち》の**コンニャクイモ**や**ネギ**が有名。また冷涼な気候を生かし**嬬恋村**《つまごいむら》などではキャベツの高冷地農業が行われている。

出荷時期をあえて遅らせるのが抑制栽培《よくせいさいばい》。一般的な旬の時期から出荷をずらすことで、品薄で市場価値が高い状態での取引を見込むというもの。促成栽培《そくせいさいばい》とは真反対のことをやっているのだが狙いは同じ、農業生産物も消費財である以上、その価格は需要と供給によって上下するのだ。

工業

現在の関東の工業を支えるのは関東内陸工業地域

かつて工業製品出荷額日本一だったのが**京浜工業地帯**《けいひんこうぎょうちたい》。しかし今では2位です

関東地方の農林漁業・工業

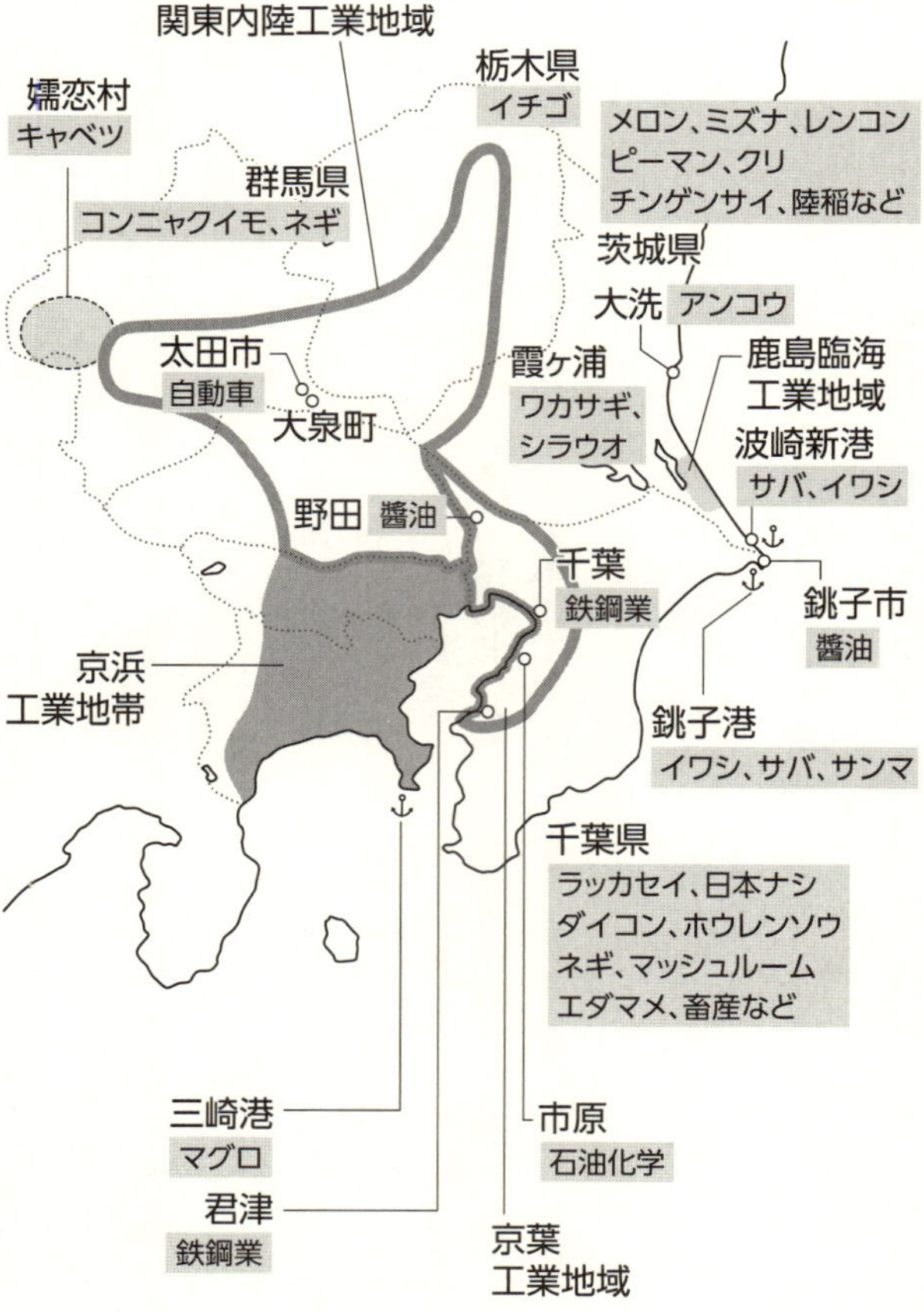
関東内陸工業地域
嬬恋村
キャベツ
栃木県
イチゴ
群馬県
コンニャクイモ、ネギ
メロン、ミズナ、レンコン
ピーマン、クリ
チンゲンサイ、陸稲など
茨城県
大洗 アンコウ
太田市
自動車
大泉町
霞ヶ浦
ワカサギ、
シラウオ
鹿島臨海
工業地域
波崎新港
サバ、イワシ
野田 醤油
千葉
鉄鋼業
銚子市
醤油
京浜
工業地帯
銚子港
イワシ、サバ、サンマ
千葉県
ラッカセイ、日本ナシ
ダイコン、ホウレンソウ
ネギ、マッシュルーム
エダマメ、畜産など
三崎港
マグロ
市原
石油化学
君津
鉄鋼業
京葉
工業地域

らない。1999年に中京工業地帯にトップの座を明け渡し、その後、阪神工業地帯、瀬戸内工業地域、関東内陸工業地域《かんとうないりくこうぎょうちいき》に抜かれ、現在は国内の工業地帯・工業地域における生産高順位で5位となっている。

その名の通り東「京」から川崎を経て横「浜」にかけての東京湾の西岸に発展した京浜工業地帯。しかしこの一帯は都心に近く、路線も充実しているため交通アクセスが極めて良い一等地。工業はどこでもできるが、商業用地や住宅用地は人が集まりやすい場所にしか需要はない。さらに人件費の高騰、加工貿易の衰え、企業の生産拠点の海外移転などが進み、京浜工業地帯の工業用地は、商業用地やマンション用地さらにはホテル用地などに転用されていった。

では現在関東の工業を支えているのはどこかと問えば、その答えは内陸にある。栃木、群馬、埼玉の3県を跨ぐ**関東内陸工業地域**。中でも有名なのがスバルの企業城下町と言っても過言ではない北関東随一の工業都市、群馬県**太田市**《おおたし》。ここにはその名もズバリ「スバル町」という地名もある。

その太田市に隣接する**大泉町**《おおいずみちょう》は最近ワイドショーや週刊誌を大いに賑わせ、日本中の注視を浴びている。人口4万2千人弱の大泉町には7，500人の外国人が居住している。賛否はともかくグローバル化と多国籍化が進む中、そこからどんな問題が発生するのか、そしてそれはどのように解決できるのか、その答えを求めて、大泉町は注視を浴びている。

東京湾の東岸に広がるのが**京葉工業地域**《けいようこうぎょうちいき》。千葉や君津では鉄鋼業が、市原では石油化学工業が行われている。千葉の工業と言われたら忘れてはならないのが**醬油の醸造**。千葉県の東端に位置する**銚子**と西端に位置する**野田**《のだ》で、さかんに行われている。

交通

言うまでもなく東京は日本の交通の中心。江戸時代の**五街道**《ごかいどう》、そのすべての起点は日本橋。現在でも**常磐**《じょうばん》**自動車道**、**東北自動車道**、**関越**《かんえつ》**自動車道**、**中央自動車道**、**東名高速道路**、**東関東自動車道**などが、東京を起点として放射線状に各地に向かって延びている。

この放射線状というのがまさに首都圏の、特に東京の導線の特徴だったりする。他の地域では基本は縦横。住所までが将棋盤のコマのように数字表記である札幌や、平安京の流れを汲む京都などが典型的。それ以外の都市も全くきれいな碁盤の目というわけには行かないものの概ね導線の基本は縦横なのだ。ところが東京のそれは放射線と同心円で構成されている。**山手線**《やまのてせん》からして縦長ではあるが環状線だし、道路においても首都高環状線はもちろん、環七《かんなな》こと環状七号線や環八《かんぱち》こと環状八号線、さらには実際に走っているときには環状線であることがわかりにくいが東京環状こと国道16号も環状線だし、東京外環自動車道も環状線だ。

そして放射線。鉄道では**東北新幹線**、**東海道新幹線**が東京から、**上越**《じょうえつ》**新幹線**が大宮から出ている。狭義の私鉄や在来線に至っては数え切れないほど。もっとも昨今は周辺地域の発展とともに、路線も（特に東西においては）都心を貫く形になっているので、放射線というより直径という方があたっているのかも知れない。いや串カツの串か。

その環状線と串を基本として網の目のような鉄道網。首都圏以外からやってきた人は、首都圏の路線図を見ても最初は何が何だか分からないほど。以下首都圏を走る主な鉄道を挙げていく。

まずは**ＪＲ**、そしてかつては帝都高速度交通営団（通称営団地下鉄）という厳《いか》めしい名称だった**東京メトロ**。同じ地下鉄として**都営地下鉄**が別途存在するのもややこしさに拍車をかける。狭義の私鉄も覚えきれぬほど。東京から成田を結ぶのは、あの東京ディズニーランドを経営するオリエンタルランドの筆頭株主でもある**京成《けいせい》電鉄**。東京から神奈川の海沿いに路線を持つのが京急こと**京浜《けいひん》急行電鉄**。東横線や田園都市線といったおしゃれなイメージのある沿線を抱えるのが東急こと**東京急行電鉄**。あの映画会社東映も東急の子会社が前身だったりする。新宿から人気スポット下北沢《しもきたざわ》やセレブの屋敷町成城学園、三多摩の大都会町田、新住みたい街ランキング一位の本厚木などを経由して、小田原《おだわら》までを結んでいるのが小田急こと**小田急《おだきゅう》電鉄**。かつての社名は小田原急行鉄道。

神奈川県内を結ぶのが相鉄こと**相模鉄道《さがみてつどう》**。神奈川県民には運転免許試験場のある二俣川《ふたまたがわ》を通ることでおなじみ。新宿から八王子を結ぶ京王線や渋谷から吉祥寺を結ぶ人気の井《い》の頭《かしら》線、さらにはリニア開通後の大発展が予想される橋本に繋がる京王相模原線を持つのが京王こと**京王《けいおう》電鉄**。プロ野球のかつての常勝チーム埼玉西武ライオンズの親会社であり、西武新宿線、西武池袋線など埼玉方面に強いのが**西武《せいぶ》鉄道**。北関東方面に多く路線を持ち、関西の近鉄に次いで保有路線総延長第二位を誇るのが**東武《とうぶ》鉄道**。他にもバスだの**ゆりかもめ**だのまであわせたらまさに網の目状態。

その鉄道網の発達のおかげで、首都圏では大抵の所は公共交通機関の利用のみで辿り着くことができる。首都圏出身者が地方への移住を考えるとき、仕事の有無や閉鎖性とともに真っ先に頭に浮かぶ問題のひとつが、公共交通機関不毛の地で暮らせるかどうかということ。

地方では一家に一台ならぬ成人一人に一台が当たり前の自家用車。しかし一人暮らしの若者を始めとし、首都圏では自家用車を持たぬ成人は少なくない。そのことから「東京ではクルマがいらない」などという声もよく聞くが、その割には、道路は普通にいつも渋滞している。ひどい道路になると朝の5時台には既に渋滞が始まる。駐車場の賃料も地方のワンルームに匹敵するほど。

もっとも現在では自動運転化が進められたり、カーシェアリングも注目を集め、その一方でガソリンを利用した内燃機関車の新車販売に制限をかける向きもあるから、首都圏のありかたは正解なのかも知れない。レンタカーで走るターンパイクや西湘バイパスもなかなか乙なものだ。

海路では**横浜港**が、空路では主に国内線が就航する羽田《はねだ》空港こと**東京国際空港**と、国際線中心の**成田《なりた》国際空港**が、それぞれ港として機能している。かつては東京の民間の空の玄関口といえば羽田だったが、成田が完成すると国際便は成田、

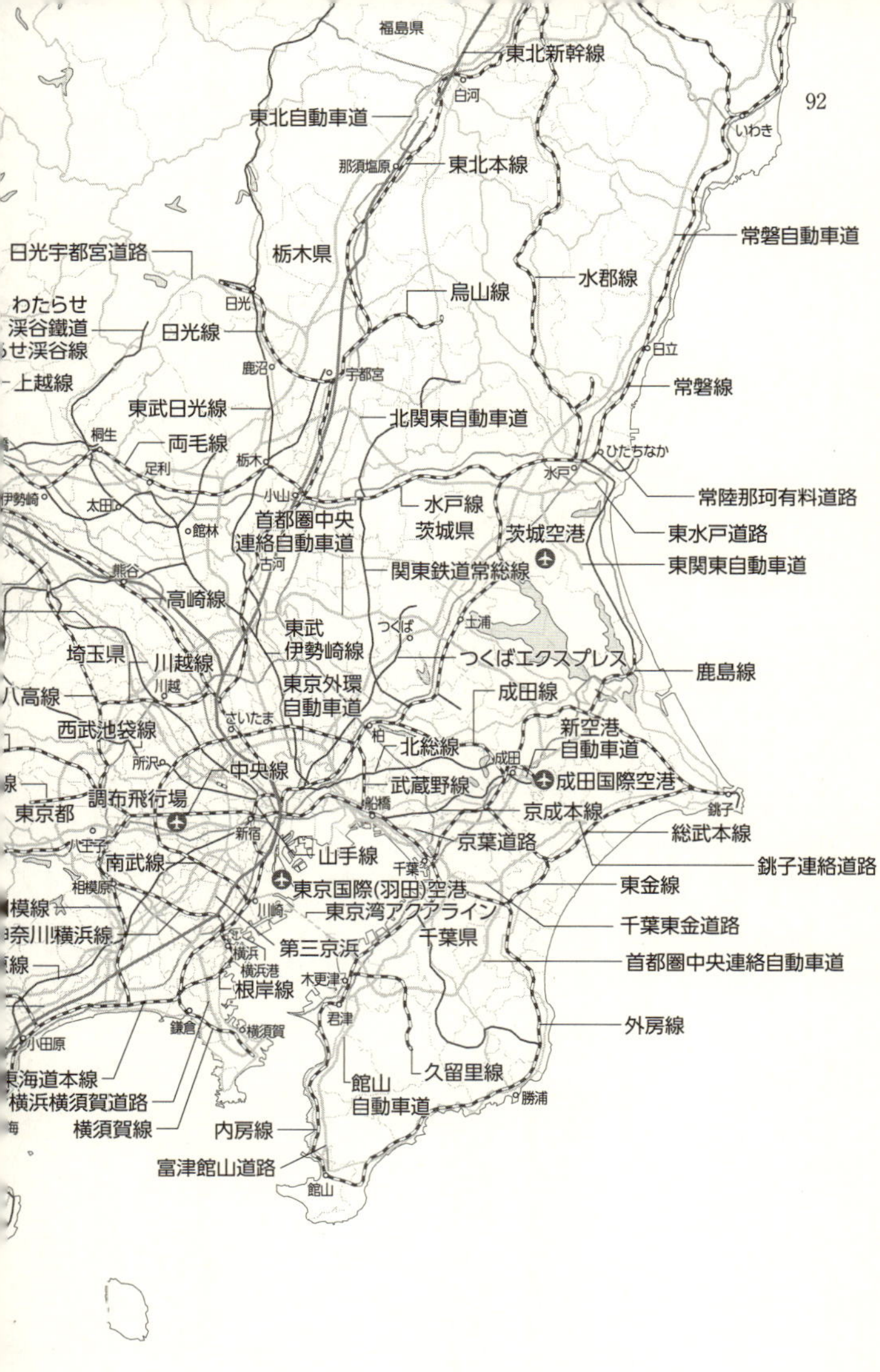
福島県
東北新幹線
白河
東北自動車道
いわき
那須塩原
東北本線
常磐自動車道
日光宇都宮道路
栃木県
水郡線
わたらせ
渓谷鐵道
らせ渓谷線
日光
日光線
烏山線
日立
鹿沼
宇都宮
上越線
常磐線
東武日光線
北関東自動車道
桐生
両毛線
足利
栃木
ひたちなか
水戸
伊勢崎
小山
常陸那珂有料道路
太田
水戸線
首都圏中央
連絡自動車道
茨城県
茨城空港
東水戸道路
館林
古河
東関東自動車道
熊谷
関東鉄道常総線
高崎線
土浦
東武
伊勢崎線
つくば
埼玉県
川越線
つくばエクスプレス
鹿島線
川越
八高線
東京外環
自動車道
成田線
さいたま
新空港
西武池袋線
柏
北総線
自動車道
所沢
成田
中央線
成田国際空港
武蔵野線
調布飛行場
東京都
船橋
京成本線
銚子
新宿
八王子
京葉道路
総武本線
山手線
南武線
千葉
銚子連絡道路
相模原
東京国際(羽田)空港
東金線
相模線
川崎
東京湾アクアライン
千葉東金道路
神奈川横浜線
千葉県
第三京浜
首都圏中央連絡自動車道
横浜
横浜港
木更津
根岸線
君津
鎌倉
横須賀
外房線
小田原
東海道本線
久留里線
館山
自動車道
勝浦
横浜横須賀道路
横須賀線
内房線
富津館山道路
館山

関東地方の交通

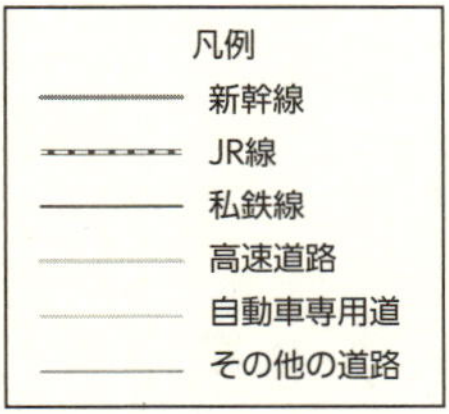
凡例
新幹線
JR線
私鉄線
高速道路
自動車専用道
その他の道路

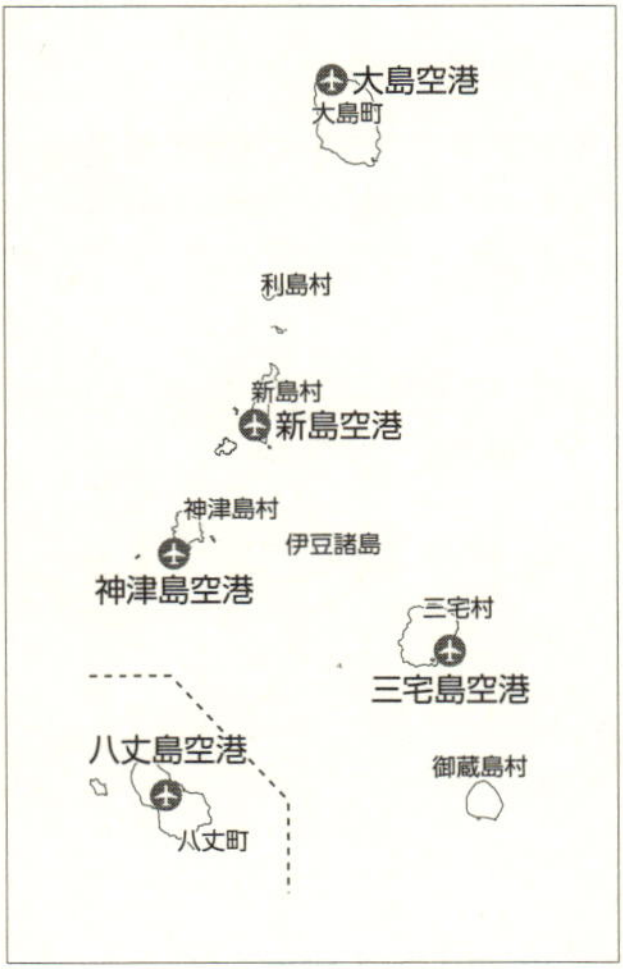
大島空港
大島町
利島村
新島村
新島空港
神津島村
伊豆諸島
神津島空港
三宅村
三宅島空港
八丈島空港
御蔵島村
八丈町

新潟県
上越
長野
上越新幹線
吾妻線
群馬県
北陸新幹線
上田
長野県
佐久
信越本線
上信越自動車道
上信電鉄上信線
秩父鉄道秩父本線
甲府
中央自動車道
山梨県
富士吉田
富士宮
富士
静岡県
東名高速道路
沼津
静岡
藤枝
焼津
東海道新幹線

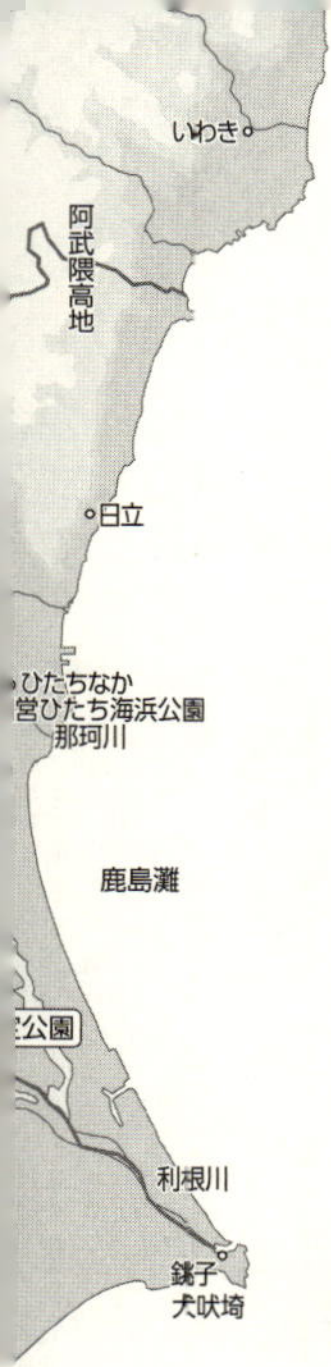

国内便は羽田になった。しかし近年のインバウンドブームの影響や空路利用の増加で再び羽田が国際化。成田は滑走路の拡張が難しいのも痛い。この成田国際空港も現在社会人の人たちには多分「新東京国際空港」の方が馴染み深いことだろう。かつてはそれが成田国際空港の正式名称だった。２００４年から成田国際空港がそのまま正式名称となっている。最近はネーミングライツや愛称なども流行していて、施設の名称もよく変わるから覚える方も大変だ。

地図でわかる関東地方の名所と観光

関東地方の主な観光地を地図で紹介。

都心拡大図

新潟県
信濃川
駒ヶ岳
那須岳
白河
田平野
奥利根湖
燧ヶ岳
帝釈山
那須塩原
八溝山
八溝山地
越後山脈
矢木沢ダム
尾瀬国立公園
至仏山
苗場山
谷川岳
白根山
男体山
日光国立公園
千曲川
志賀高原
三国山脈
中禅寺湖
皇海山
日光
栃木県
白根山
沼田
日光東照宮（世界遺産）
吾妻川
赤城山
宇都宮
鹿沼
四阿山
群馬県
榛名山
鬼怒川
桐生
偕楽
水
上田
浅間山
前橋
足利
栃木
高崎
伊勢崎
太田
小山
渡良瀬川
谷中湖
茨城県
佐久
利根川
館林
筑波山
妙義荒船佐久高原国定公園
古河
富岡製糸場（世界遺産）
熊谷
常陸台地
土浦
霞ヶ浦
荒川
つくば
両神山
関東平野
関東山地
水郷筑
八ヶ岳
秩父
埼玉県
牛久沼
利根川
甲武信ヶ岳
川越
秩父山地
さいたま
柏
秩父多摩甲斐国立公園
雲取山
東京スカイツリー
所沢
隅田川
成田山新勝寺
東京駅丸ビル
成田
武蔵野台地
下総台地
関東山地
甲府
東京都
東京
荒川
船橋
成田空港
岳
汐留シオサイト
幕張メッセ
八王子
甲府盆地
大月
千葉
相模湖
明治の森高尾国定公園
東京ディズニーリゾート
津久井湖
相模原
山梨県
羽田空港
レインボーブリッジ
多摩川
富士吉田
川崎
丹沢山地
丹沢山
千葉県
東京湾
丹沢大山国定公園
横浜
東京湾アクアライン
山中湖
神奈川県
木更津
房総半島
富士山
相模川
鎌倉
君津
富士宮
小田原
横須賀
三浦半島
相模湾
房総丘陵
富士
勝浦
横浜ベイブリッジ
南房総国定公園
富士川
三島
静岡県
熱海
沼津
横浜ランドマークタワー
横浜みなとみらい21
館山湾
館山
静岡
相模灘
野島崎
焼津
駿河湾
天城山
伊豆半島
大井川
大島（伊豆大島）
太平洋
下田
崎
石廊崎

武士が作った関東の歴史

関東の地名には千葉、宇都宮、鎌倉《かまくら》、三浦など武家の名門の姓と一致するものが多い。関東の歴史は武家の歴史なのだ。

武士が初めて朝廷に脅威を抱かせたのが、承平5年（935年）の承平・天慶の乱からの**平将門**《たいらのまさかど》による反乱。桓武《かんむ》天皇の血をひく平氏一門の平将門が一族内の相続争いの果てに成り行きから朝敵になってしまった事件。将門は自ら天皇に代わる**新皇**《しんのう》を名乗り、関東に擬似的な独自政府を作るにまで至った。誰もが知る**源　頼朝**《みなもとのよりとも》による鎌倉の武家政権に遡ること二百五十年。結局将門は朝廷が派遣した部隊に敗れ、その試みは一時的なものに終わったが、彼の行動は後の世の数多くの武家政権の嚆矢《こうし》となった。

その後、概ね1185年前後に、今しがた紹介した源頼朝による**鎌倉幕府の事実上の開府**により、関東は名実ともに武家政権の中心地となる。表向きは京の朝廷の支配下にありながら、別途独自の法と官職の体系を整えたことは特筆に値する。しかも1221年の承久の乱《じょうきゅう》以降は、幕府は主筋である朝廷までも視察下に置いており、少なくとも実情においては坂東の一地方都市である鎌倉が政治の中心地となった。

全国に先駆けて戦国時代に突入

1333年の鎌倉幕府の滅亡後も、関東は有力武家の多い地域として警戒され、新たにできた室町幕府《むろまちばくふ》はこの地を支配する拠点として鎌倉に鎌倉府を置いた。しかし京から離れていることから中央の統制は行き届かず、それどころか関東の武力を後ろ盾に独自の勢力を維持するように。こうして鎌倉公方《かまくらくぼう》と呼ばれるようになった代々の鎌倉府長官は親元である幕府の支配から逸脱するようになる。

その結果、幕府と鎌倉府の対立は武力闘争に発展、加えて鎌倉府内での公方とそのお目付役である関東管領《かんとうかんれい》の権力争いも常態化。上が争いを始めれば、下も派閥対立に巻き込まれるのは必然のこと。ついには有力御家人同士が戦を始め、こうして関東地方は全国に先駆けて戦国時代に突入した。江戸城を築いた太田道灌《おおたどうかん》、下剋上と戦国大名の嚆矢の一人とされる北条早雲《ほうじょうそううん》など、多くの魅力的な武将が、この時代の関東を舞台に活躍している。

徳川家康の天下統一

その後、京を始め全国にも戦国の気風が波及。群雄割拠の時代はやがて信長、秀吉を経て**徳川家康**《とくがわいえやす》による天下統一で終わりを告げる。全国統一を果たした徳川家康は1603年に**江戸に幕府を創設**。全国の大名を動員した大規模な治水工事なども功を奏し、江戸は世界最大の人口を擁する大都市へと発展し、武家はもとより町人の文化も花開いた。

その江戸幕府を滅亡に追い込んだ明治政府は、1868年、天皇とともに政府を江戸に移す。江戸は東京と改称され、その東京は近代国家日本の事実上の首都としてさらなる発展を遂げた。1923年の**関東大震災**《かんとうだいしんさい》では東京は東部を中心に甚大な被害を受けたが、復興の過程で北部や西部へ都市圏を拡大する。

東京を見舞った再度の不幸は、いわゆる太平洋戦争末期の1945年にやってきた。世界史上、類を見ない無差別破壊である**東京大空襲**《とうきょうだいくうしゅう》を受け、東京の街は壊滅状態にされてしまったのだ。だが戦後、当時の国際情勢の変化の漁夫の利も得て、東京はまたもや見事な復興を遂げる。名実ともに日本の首都となった東京は、周辺に経済圏を大きく拡大、世界でも有数の大都市圏となった。

第四章
中部地方

石川県
富山県
新潟市
新潟県
福井県
富山市
金沢市
長野市
長野県
福井市
甲府市
山梨県
岐阜市
名古屋市
静岡市
岐阜県
愛知県
静岡県

中部地方ってどこだ？

八地方の中でもっともまとまりがないのが中部地方。日本海側の北陸《ほくりく》、山に囲まれた中央高地、太平洋側の東海地方、の3つの地域から成り立っている。ここまではシンプルなのだが、東でも西でもない各県が中部地方としてまとめられてしまっている感もあり、それだけに括り方も様々で、ひどいときなど同じ地方名で属する県の内容が異なったりさえする。

日本海側の**北陸地方**、これも日本中に馴染みのある名称だけど、その示す範囲は2通りある。福井《ふくい》、石川《いしかわ》、富山《とやま》の3県を指す場合（北陸3県）と、新潟《にいがた》を含む4県（北陸4県）とする場合だ。

太平洋側の**東海地方**も愛知《あいち》、岐阜《ぎふ》、三重《みえ》を指す東海3県という括り方と、そこに静岡《しずおか》を加えた東海4県という括りの2通りがある。地元で専ら用いられるのは前者。近畿《きんき》地方に属し方言も関西風の三重が東海地方で、東海道が貫く静岡県が東海地方じゃないなんて。しかも東海と言っておきながら、海のない岐阜県が含まれている。これには違和感しかない。

東海3県がこんなおかしな括りになっているには理由がある。その答えはテレビの地上波と経済圏。東京を中心とする首都圏、大阪を中心とする関西圏と並んで、中部地方には名古屋を中心とする経済圏がある。テレビの地上波も、地方だと各県内をエリアとするローカル局がキー局の番組をネットしていたりするのだけれど、この名古屋圏には、岐阜と三重に独立キー局がひとつずつあるものの、名古屋に準キー局と呼ばれる民放局が4つあって（他に愛知県内をエリアとするテレ東系も）そのため文化的・商業的統一性が強い地域になっているのだ。

ついでに言えば新聞も、この地域では大手三紙やそれに匹敵する日経新聞、さらには産経新聞など全国的に著名な新聞をおさえて、名古屋を本拠地とする中日新聞が圧倒的なシェアをキープしている。長野県の信濃《しなの》毎日新聞のように地方ではその県のローカル紙が極端に強いことはよくあるけれど、中日新聞の場合は愛知県にとどまらず、その影響力は静岡県の西部・浜松《はままつ》あたりまでにも及ぶ。そのため地方紙ではなくブロック紙と呼ばれているほど。長くなったが東海3県というおかしな括りには、こういった理由が存在しているのだ。

北陸、東海と紹介したので次は中央高地。中央高地に該当する県は山梨県《やまなしけん》と長野県《ながのけん》。ただこれは主に気候上の括りであって、この2県もやはりいろいろな括りに組み込まれる。

関東地方の人に馴染みがあるのは**甲信越**《こうしんえつ》という括り。この甲信越が指し示す範囲は山梨、長野、新潟の三県。甲斐《かい》（甲州《こうしゅう》）の山梨と、信濃（信州《しんしゅう》）の長野、越後《えちご》の新潟というわけだ。山梨県と群馬県が入れ替わると**上信越**《じょうしんえつ》になる。群馬県は関東地方だが、長野県や新潟県とは県境を接しており、街道の関係で江戸時代までは非常に繋がりが深かった。いまでもたとえば軽井沢《かるいざわ》などは長野県側と群馬県側が併存しているわけで、両県が他地方の人間が思う以上に深い繋がりを持っていることがわかる。群馬県の旧国名は上野国《こうずけ》（上州）、故に上信越というわけだ。この他に富山、石川、福井の北陸3県に新潟と長野の信越を加えた**北信越**《ほくしんえつ》という括りもある。この括りはスポーツの大会でよく用いられている。

東京へのアクセスに恵まれている山梨県は、首都圏整備法では首都圏に含まれる。一方でやはり都心への交通の便に恵まれているのに、なぜか静岡県は広義の首都圏に加えられていない。

もうひとつ不思議なのはやはり新潟県。最近ではネットなどでも取りあげられるようになった「新潟県はどの地方に属するべきなのか」という話題。一般的には北陸であり中部地方なのだが、地理的には東北地方並の高緯度であり、その一方で人の流れは主に関東に向いている。中部地方、なかなか一筋縄ではいかぬ学習者泣かせの地方と言えるだろう。

各県

太平洋に面した愛知県と静岡県

太平洋側の伊勢湾《いせわん》に沿って弧を描き、三河湾《みかわわん》を守ろうとハサミで威嚇するカニのように存在しているのが日本製造業の残された希望の地**愛知県**。全国的に空洞化が進む製造業がかろうじてまだ元気な県のひとつ。

江戸時代の御三家《ごさんけ》筆頭《ひっとう》尾張藩《おわりはん》のあった尾張と、その幕府の開祖家康の出身地である三河からなる。県庁所在地は**名古屋**《なごや》。マルチ芸人タモリによる今なら炎上間違い無しの貶めや、1981年のまさかのオリンピック誘致失敗以降、全国的にマイナスイメージを背負わされてしまった愛知県。しかしそれから四半世紀後の2005年、21世紀最初の国際博覧会である「愛・地球博」を開催。それを契機に、名古屋めしや名古屋嬢などが全国ネットで話題にされるようになり、ネガティブなイメージは払拭された。

三河湾を臨む南東部の旧三河国にあたる三河地区。中心都市は先程も紹介した徳川家康の出身地である**岡崎市**《おかざきし》だ。加えて静岡県境に近い**豊橋市**《とよはしし》も自動車の一大輸入拠点となっていて、豊川稲荷《とよかわいなり》で有名な**豊川市**と共に地区の一角をなしている。

その愛知県の東隣が**静岡県**。県庁所在地の**静岡市**は、まんが『ちびまる子ちゃん』や清水次郎長《しみずのじろちょう》で有名な清水市と合併して、巨大な政令指定都市となった。県のほぼ中心部に位置するその静岡市が擁する人口は70万人弱。

これだけでもなかなかのものだが、静岡県にはもうひとつの雄とされる市が存在する。それが県西部に位置する**浜松市**。こちらも周辺自治体と大合併を果たし、なんと人口は県庁所在地の静岡市を更に10万人上回る80万人弱。当然ながらこちらも政令指定都市。

ひとつの県に2つの大きな街が存在する場合、概ねその2市はあまり仲がよろしくないのが定番パターン。実際静岡県でも、静岡市は旧駿河《するが》国であり経済や文化においては東京圏であるのに対し、浜松市は旧遠江《とおとうみ》国で経済や文化においては名古屋の影響が色濃い。このように現実には必ずしも文化経済においてまとまっているわけでもない両市だが、総務省の統計上においては、東京を中心とする首都圏、大阪を中心とする近畿圏、名古屋を中心とする中京圏、そして九州北部の北九州・福岡大都市圏に次ぐ、日本で5番目の規模を誇る静岡・浜松大都市圏として捉えられている。

この両市を中心とする地域に加えて、県の東端には風光明媚な伊豆半島を擁する伊豆地方もある。天気が良い日が多く温暖な気候にも恵まれ、東海道新幹線の駅も多いことから、首都圏からの移住候補先としても人気の県となっている。

内陸の3県はリニアの通り道？　山梨県、長野県、岐阜県

内陸には東から**山梨県**、**長野県**、**岐阜県**と3つの海なし県がある。この3県はリニア中央新幹線が開通したら、その通り道となる県でもある。

県庁所在地は山梨県が武田信玄《たけだしんげん》で有名な**甲府市**《こうふし》。あとの2県は県名と同じ長野市と岐阜市。岐阜県が愛知県との結びつきが強いのに対して、長野県は北陸4県や、山梨県、東京都との繋がりが強い。

山梨県はお隣の長野県との接点はあるものの、富士山繋がりのある静岡県との往来や東京志向も。現在でも特急を使えば甲府から新宿までは1時間半未満で行けるが、リニア中央新幹線開通後は品川まで25分とさらに東京が近くなる。

日本海に面した福井県、石川県、富山県、新潟県

日本海側、北陸4県を見てみよう。西から**福井県**、**石川県**、**富山県**、**新潟県**。このうち県庁所在地名が県名と異なるのは石川県だけ。その石川県の県庁所在地は加賀百万石の古都**金沢市**《かなざわし》。その金沢市は北陸新幹線の開業後、観光需要が大きくなっている。加賀とともに石川県を構成する能登《のと》地方も、白米千枚田や輪島の朝市、さらには和倉温泉など観光資源が豊富な地域だ。

石川県を挟んで西が福井で東が富山。旧越前国である福井県は新幹線の恩恵こそ受けていないが、勝山《かつやま》の恐竜や鯖江《さばえ》のメガネなど観光においても産業においてもなかなかのものがある。

富山県は貯蓄や持ち家率の高さを誇り、教育県としても名高い。立山連峰《たてやまれんぽう》を背に日本海に臨み路面電車のある町並みの美しさは一見の価値あり。

北陸最北の新潟県は豪雪と米もさることながらその長さも特筆もの。中部地方にありながら東北地方、関東地方とも接している。その北端は東北地方である福島県より北になるのだから、いやはや。

北陸4県はいずれも豪雪地帯。以前は進学先や就職先に県ごとの特色があった。

新潟県、富山県は東京を目指す若者が多く、石川県では加賀藩祖《かがはんそ》であった前田利家《まえだとしいえ》の出身地である名古屋を目指す人が目立ち、福井県にはお隣りであることから京都志向の人が多かった。

だが北陸新幹線という新たな導線の開業はそういった人の流れを一変させた。同新幹線が通っていない福井を除く各県はともに東京志向が強くなった。これにより東京一極集中の加速が懸念されている。それはさておき、北陸という地域は、天候に恵まれているとは言い難いが、様々な伝統産業、日本海の魚介類、水のきれいな海水浴場と人を大いに惹きつける魅力ある地域といえるだろう。

気候

典型的な3つの気候区分

中部地方も日本の他の地域にみられる典型的な3つの気候区分に分類できる。太平洋側、内陸、日本海側という区分だ。太平洋側の東海地方は、夏は南東の季節風の影響を受けるため降水量が多い。逆に冬は北西の季節風が日本アルプスなどの山々に遮られるために比較的晴天が多い。

中部地方の中心都市である名古屋市は、西に**鈴鹿山脈**《すずかさんみゃく》があるため**フェーン現象**の影響を受けてしまう。ヒートアイランド現象が発生する都市部でもあり夏は蒸し暑い。ならば冬は？　といえば、本来だったら黒潮の影響で温暖なはずなのだが、西に**伊吹山**《いぶきやま》があって、その伊吹山を越えて**伊吹おろし**と呼ばれる冷たい風が**濃尾平野**《のうびへいや》に向かって吹きこんできてしまう。そのために夏は蒸し暑く、冬は寒いというやや暮らしにくい気候となっている。

名古屋市郊外の岐阜県**多治見市**《たじみし》は最高気温合戦の常連だが、こちらの暑さは盆地であるため。濃尾平野も決して狭くはないのだが、関東平野ほどの広さはないために暑さが逃げにくくなっている。

内陸の中央高地は山に囲まれているから一年を通して降水量は少なめで、夏と冬の気温差が激しい。また標高が高い影響で冬は若干寒い。とは言うものの、降水量が少ないために他地域の人が思い描くような積雪はなく、冬用タイヤ装着率の高さは路面凍結によるもの。

日本海側の北陸地方は冬の降水量が多いため、雪の日が多くなっている。もっとも暖流の対馬海流の影響があるので、これも意外だが冬の寒さが極端にひどくなることはない。

地形

3000メートル級の山々と様々な河川

中部地方のど真ん中に「川」の字状に南北に連なる3本の山脈が**日本アルプス**。北から**飛騨《ひだ》山脈《さんみゃく》**、**木曽《きそ》山脈《さんみゃく》**、**赤石《あかし》山脈《さんみゃく》**。3000メートル級の山々が聳え立ち、**日本の屋根**とも呼ばれている。

奥秩父《おくちちぶ》を水源に長野県を通り、新潟県で日本海に注ぐのが、日本一の長さを誇る**信濃川**。面白いことに信濃国こと長野県では、この川は信濃川ではなく専ら**千《ち》曲川《くまがわ》**と呼ばれている。

南アルプス鋸岳《のこぎりだけ》を源流とし富士市で**駿河湾**に注ぎこむのが、日本三大急流のひとつに数えられる**富士川**。「ふじがわ」と発声する人が多いが、正しくは「ふじかわ」。地元の方々はこれを平坦なイントネーションで呼んでいる。源平合戦こと治承《じしょう》・寿永《じゅえい》の乱における富士川の戦いの舞台でもある。

南アルプスに端を発し、マグロや黒はんぺんで有名な**焼津**《やいづ》で駿河湾に注ぐのが**大井川**《おおいがわ》。江戸時代の東海道の難所として有名だ。戦略的理由から橋が架けられなかった大井川は「箱根八里は馬でも越すが、越すに越されぬ大井川」と詠まれるほど旅人泣かせの川だった。

長野県の**諏訪湖**《すわこ》を水源として浜松と磐田の間で**遠州灘**《えんしゅうなだ》に注いでいるのが、**天竜川**《てんりゅうがわ》。暴れ川として有名だが上流では川下りも人気だ。

川と言えば触れないわけにはいかないのが岐阜県の**輪中地帯**《わじゅうちたい》。**木曽三川**《きそさんせん》と総称される**木曽川**《きそがわ》、**長良川**《ながらがわ》、**揖斐川**《いびがわ》という3本の大河が、伊勢湾に注ぎ込む手前で集中。それら大河による水害から逃れるために周りを堤防で囲った地域が輪中地帯。増水時には川の水位が家の高さを上回ってしまうことも。別名、海抜ゼロメートル地帯。

1976年にはこの地域にある安八町《あんぱちちょう》や、現在は大垣市《おおがきし》に編入された豊臣秀吉《とよとみひでよし》がまだ木下藤吉郎だった頃の一夜城エピソードで有名な墨俣町《すのまたちょう》など一帯が水に浸かる安八・墨俣水害が発生してしまった。その被害の様子は地上波（当時こんな言い方はなかったが）でも生中継され、その尋常ではない光景に多くの視聴者が驚きを隠せなかったという。かく言う著者もリアルタイムで視聴し自然の脅威に

中部地方の地形

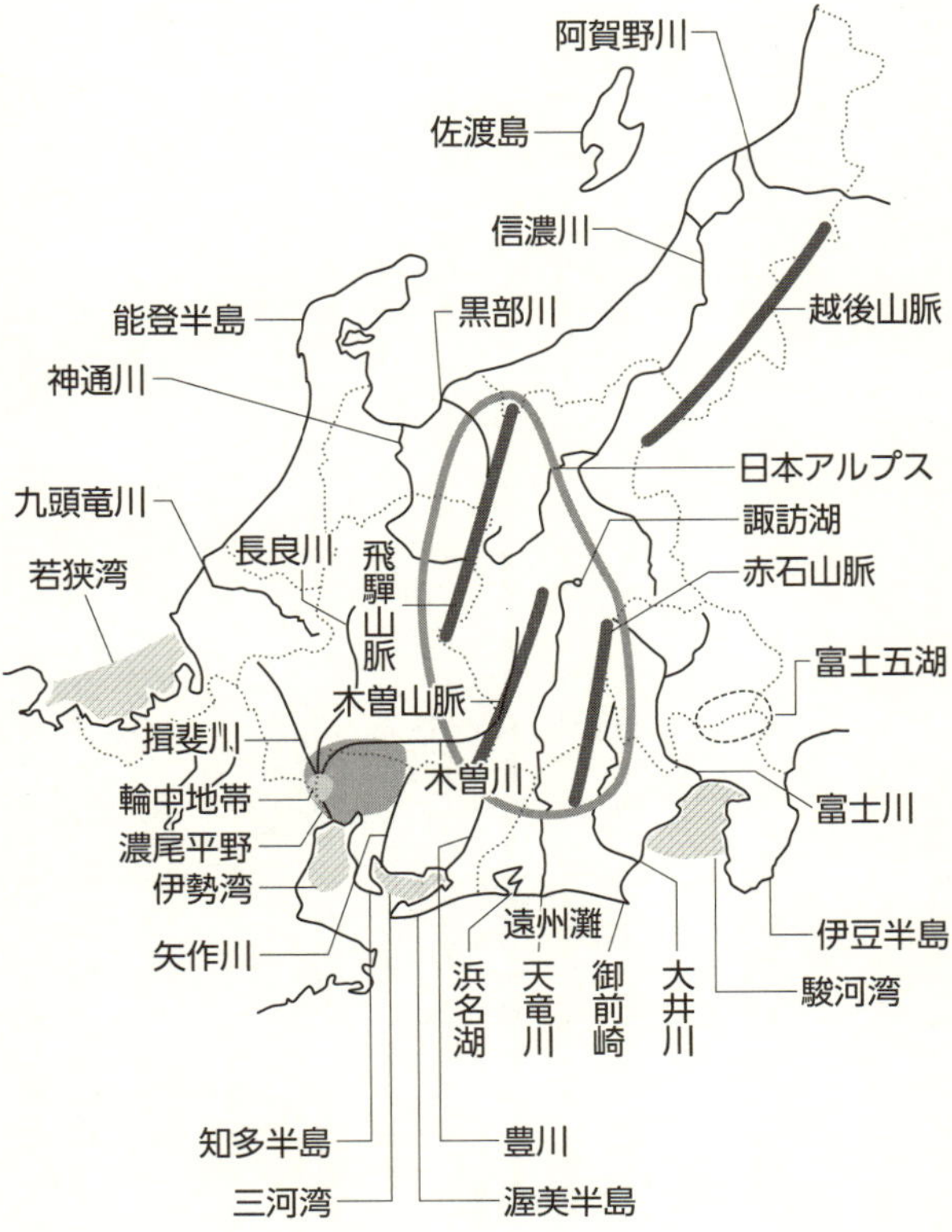
阿賀野川
佐渡島
信濃川
越後山脈
能登半島
黒部川
神通川
日本アルプス
九頭竜川
諏訪湖
長良川
飛騨山脈
赤石山脈
若狭湾
富士五湖
木曽山脈
揖斐川
木曽川
輪中地帯
富士川
濃尾平野
伊勢湾
遠州灘
伊豆半島
矢作川
浜名湖
天竜川
御前崎
大井川
駿河湾
知多半島
豊川
三河湾
渥美半島

たじろいだ記憶がある。かなしいことにゲリラ豪雨や台風による川の氾濫が頻繁に起こるようになってしまった今の日本では、そんな状況も珍しくなくなってしまった。異常気象というのはまったくもって恐ろしいものだ。

海とつながる浜名湖

太平洋岸には伊豆半島の西に駿河湾があり、台風中継の名所で原子力発電所があることでも知られる**御前崎**《おまえざき》まで逆Uの字を形成する。そこからは比較的なだらかな海岸線が続き、うなぎの養殖で有名な**浜名湖**《はまなこ》を越えると愛知県。

愛知県の南、三河湾を挟んで、温室メロンで有名な**渥美半島**《あつみはんとう》とセントレアこと中部国際空港がある**知多半島**《ちたはんとう》の2つの半島がせり出す。そして海岸線は**伊勢湾**へ。

島に移ろう。日本海側新潟沖にはご存知**佐渡島**《さどがしま》がある。江戸時代には国内最大の金山があった。かつての日本は資源大国でもあったのだ。

反対側の太平洋岸には伊豆諸島などの島々。遥か南には小笠原諸島もある。小笠原諸島は東京都に帰属するため、詳細は関東地方の項を参照されたい。

半島も数多い。日本海側、石川県の北半分を占めるのが、かつては能登国を構成した**能登半島**《のとはんとう》。あのネッシーの首のような半島だ。待てよ、若い世代にはネッシーが比喩の題材として使えなかったりする？　石川さゆりが歌った演歌のナンバー「能登半島」なんてのはさらに通じなさそう。今だと棚田とかのほうがヒットするのかな。

太平洋側には下向きの矢印のような形で伊豆半島が主に首都圏からの観光客を迎える。日本海側の福井県沿岸は**若狭湾**《わかさわん》。出入りの激しい典型的なリアス式海岸。海水浴場も多く、夏場は多くの海水浴客でにぎわう一方で、原子力発電所も多く、福島県と並んでかつては原発銀座などと呼ばれたりもしていた。

湖にも触れておこう。山梨県にはインバウンド全盛期には外国人観光客でごった返していた富士五湖がある。お隣の長野県には諏訪湖がある。これも近年は温暖化の影響からかあまり見られなくなってしまっているようだが、神事とされる自然現象の御神渡《おみわた》りは幻想的だ。

太平洋岸には海と繋がっている浜名湖がある。新幹線の車窓、湖上の橋を通過する折の風景は、富士山にまさるとも劣らぬ絶景だ。また湖の周辺は古くからリゾート地として賑わっている。

工業

日本製の30パーセント近くを製造する中部の工業地帯

もう十年以上も前だろうか。本書の前身とも言える著作を文庫で書き下ろした。その頃は中国をはじめとするアジア諸国の猛追はあったものの、まだまだ日本は少なくとも相対的には安泰で、高度経済成長期やバブル期に比べればさみしくはなっていたものの、国内にも多数の工業都市が存在し、多くの花形産業が雇用と経済を潤してくれていた。

それが数年前、やはり本書の底本とも言える改訂版を執筆した折に、著者は衝撃を受け泣き崩れそうになった。なぜなら以前紹介した工業拠点の多くが閉鎖に追い込まれていたり海外に移転していたり、あるにはあるが海外資本になってしまっていたりしたから。

そんなふうに産業の空洞化を実感するようになって久しい今日、それでもそんな日本において例外的にまだ製造業が頑張ってくれている地域が東海地方だ。

まずは生産額日本一の**中京工業《ちゅうきょうこうぎょう》地帯《ちたい》**。かつては京浜工業地帯や阪神工業地帯の後塵を拝する日本第三の工業地帯だったのだが、現在では工業製品出荷額堂々の第一位。まさに日本経済を支える地域となっている。

伊勢湾西岸の三重県**鈴鹿市**《すずかし》あたりから、かつては公害病で昨今では工場萌えで有名な**四日市市**《よっかいちし》、そして愛知県の名古屋市、**豊田市**《とよたし》、さらには三河の岡崎市《おかざきし》、そしてそれら地域の内陸にまで及ぶ一大工業地帯が中京工業地帯だ。

その嚆矢は実は第二次大戦中の国策軍需産業にある。特に**航空機産業**。あの宮崎駿監督の映画『風立ちぬ』の舞台にもなっているのが中京工業地帯の前身だ。その流れから近年も航空機産業がさかんだったのだが、２０２０年、様々な事情から期待されていた国産ジェット機の開発が凍結されてしまい、航空機産業に陰りが見える。とは言え、まだ宇宙開発産業はさかんに行われており、国産戦闘機開発の芽も残っている。

中京工業地帯の主力製造品は言わずと知れた機械。中でも特筆すべきはトヨタに代表される**自動車などの輸送機械**、そして**自動車部品**。

ところがここにもまた陰りが。世界的に温室効果ガスの排出をゼロにしようという**カーボンフリー政策**が進められている。その流れを受けて欧州から自動車の**ＥＶ化**、すなわち電気自動車推進の声が起こり、ついには欧州各国はもちろんアメリカの各州までもが、概ね2030年を目処にガソリンをはじめとする内燃機関で動く自動車の新車販売をゼロにする方向で進んでいる。

そしてあろうことか、これに日本政府も追随。ただでさえ、鉄鋼、造船、家電、集積回路（IC）、半導体と、次々に基幹産業を失いつつある日本において、唯一気を吐いている自動車産業を潰しにかかるような試みが進められている。自国の基幹産業のアドバンテージを自ら捨てるというのは、世界史上でも類を見ないレベルの愚策なのだが……。

ちなみに欧州のEV化推進の裏には、環境に優しいと言われた低燃費ディーゼルの失敗やハイブリッド化においてのディスアドバンテージなどがあり、必ずしも環境問題だけが理由ではなかったりする。また燃料電池というのはその製造過程において多量の電気を消費し、さらに完成後も走らせるために膨大な電力を必要とする。その電力の大半は日本の場合、火力発電によるものでカーボンフリーとは程遠い実態がある。

もっとも既に日本は自国の市場だけでメーカーを維持できるような規模にはなく、故に各メーカーは生き残りのために海外での販売が不可欠であることを考えるとやむをえぬ流れと認めざるを得ないのか。

それでもあえて希望を見出すならば、トヨタを始めとする日本の自動車メーカー、自動車関連部品メーカーの強みはエンジンのみにあらず。車体のトヨタ車体、電装品のデンソー、様々な自動車部品のアイシンなど、世界有数の企業が多数存在している。楽観はできないが今暫くはトヨタ在る限り、中京工業地帯は揺るがないだろう。

一方でかつて中京工業地帯の主力だった繊維産業や陶磁器産業はかなり厳しい現状を強いられており、量から質への転換が行われ、生き残りが模索されている。

二輪と楽器の東海工業地域、そして北陸工業地域

静岡県の西側。浜松市や磐田市付近の一帯が**東海工業地域**。**楽器**のヤマハにカワイ、**二輪車**のやはりヤマハにホンダにスズキと、これまた産業空洞化とは無縁の地域。

日本海側の**北陸工業地域**も負けてはいない。豊富な雪解け水と電力、そして雪が積もる冬場には農業ができない環境。これらを背景に発達した地場産業は福井県**鯖江市**《さばえし》のメガネフレーム、富山県**黒部市**《くろべし》のアルミ素材、新潟県**燕市**《つばめし》や**三条市**《さんじょうし》の洋食器など多岐にわたる。

中京工業地帯、東海工業地域、北陸工業地域の工業生産額シェアを単純に足すと、日本の工業生産額の3割弱になる。中部地方はものづくり日本の最後の砦と言えるだろう。

農業

果樹栽培のさかんな山梨と長野

山梨県の**甲府盆地**。都心からも日帰り圏のこの地では果樹栽培がさかんに行われている。特に有名なのが**ブドウとモモ**、共に生産高1位はほぼ指定席。雨が少なく昼夜の温度差が激しい盆地の気候をうまく生かしている。扇状地が多く水はけがよいのも大きい。ワイナリーが多いのも道理で、ブドウの一大産地甲州市の勝沼にはその名もズバリ「**勝沼《かつぬま》ぶどう郷駅**」と命名された駅もある。

山梨県とは甲信として括られる長野県の長野盆地もやはり果実の生産地。リンゴ、ブドウ、モモなどで都道府県別生産高ランキング上位の常連。長野電鉄の車窓から見られるリンゴ畑の美しさは感涙ものだ。

中部地方の農林漁業・工業と伝統工業

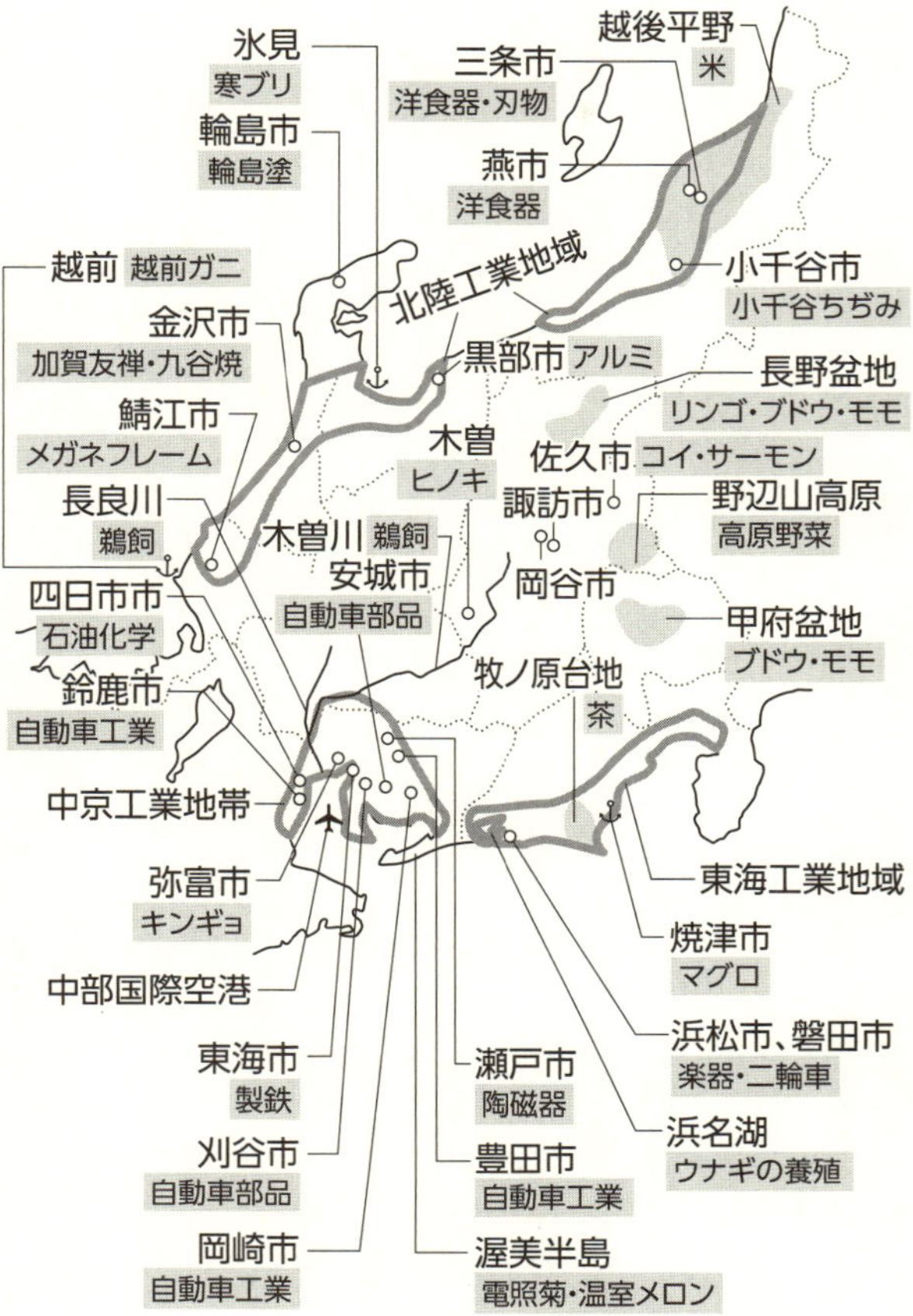
氷見
寒ブリ
輪島市
輪島塗
三条市
洋食器・刃物
越後平野
米
燕市
洋食器
越前 越前ガニ
北陸工業地域
小千谷市
小千谷ちぢみ
金沢市
加賀友禅・九谷焼
黒部市 アルミ
長野盆地
リンゴ・ブドウ・モモ
鯖江市
メガネフレーム
木曽
ヒノキ
佐久市 コイ・サーモン
諏訪市
野辺山高原
高原野菜
長良川
鵜飼
木曽川 鵜飼
安城市
自動車部品
岡谷市
四日市市
石油化学
甲府盆地
ブドウ・モモ
鈴鹿市
自動車工業
牧ノ原台地
茶
中京工業地帯
東海工業地域
弥富市
キンギョ
焼津市
マグロ
中部国際空港
浜松市、磐田市
楽器・二輪車
東海市
製鉄
瀬戸市
陶磁器
浜名湖
ウナギの養殖
刈谷市
自動車部品
豊田市
自動車工業
岡崎市
自動車工業
渥美半島
電照菊・温室メロン

長野は冷涼な気候だから高冷地農業もさかん。**八ヶ岳山麓**《やつがたけ》の野辺山高原《のべやまこうげん》などではレタスなど高原野菜が栽培されている。抑制栽培により市場に出る時期を遅らせることで高値での取引が見込める。

近年この地では多くの外国人が技能実習制度を利用した実習生として働いている。そのために一時は住民の2割近くが外国人労働者だったほど。問題は彼らの待遇。日本の農家の平均所得を大幅に上回る農家が多く存在する一方で、過酷な労働と様々な名目による天引きに苦しむ労働者の声が報道され、ネット上では**ブラック農家**なる言葉さえ登場した。グローバル化の進行に歯止めがかからぬ今、こうした事態は他の地域でも起こりうることだろう。

取り入れた後に加工した上で利用する作物を工芸作物と言う。その工芸作物の中で、茶は多くの日本人にとって欠かすことのできないものだろう。**牧ノ原台地**《まきのはらだいち》を中心とした静岡県はその**茶の一大生産地**。もう何年にもわたって静岡県は国内シェアの4割近くを維持し続けていた。しかし2019年、ついに産出額では鹿児島県にトップを明け渡してしまう。

その理由かどうか定かではないが、ほんの数年前までは東海道新幹線の車窓からはあちらこちらに広がる一面の茶畑を見ることができた。このところ心なしか減りつつある茶畑の代わりに目立つようになってきたのは無機質に敷き詰められたソーラーパネル。クリーンエネルギー、クリーン……、これもまた一筋縄ではいかない問題だ。

静岡県と同じ太平洋側の愛知県**渥美《あつみ》半島**。戦後引かれた**豊川用水**のおかげで、この地は**電照菊《でんしょうぎく》**と**温室メロン栽培**で潤うようになった。電照菊といっても、菊の花が光るわけではない。本来ならば秋に花開く菊を、お正月やお彼岸にも出荷したい。そこで電球で照らすことで菊に季節を勘違いさせ、人工的に成長を遅らせて栽培するのが電照菊。いわば菊の抑制栽培。日照時間が短くなると花芽がついてつぼみをつける菊の習性を利用した栽培方法だ。

越後平野のコシヒカリ

日本海側に移ろう。中部地方の日本海側は北陸地方。冬の積雪が厳しいことなどもあって米の単作地帯が多い。

代表的な産地は新潟県の**越後平野**。新潟県は近年、米の都道府県別生産高ランキング1位を定席としている。あの北海道をも上回るのだからすごいことだ。銘柄はもちろん**コシヒカリ**が中心。もともと湿地帯だった越後平野、大河津分水路《おおこうづぶんすいろ》の完成や暗渠排水によって湿田が乾田に生まれ変わり飛躍的な生産向上を遂げた。農業在る処、先人の努力ありだ。

水産業

寒ブリに越前ガニ、マグロやウナギにコイ、キンギョ

様々な魚介がとれる北陸。中でも**氷見**《ひみ》の**寒ブリ**をはじめとする、富山のきときとの魚、福井の**越前**《えちぜん》**ガニ**などは、多くの固定ファンを持つ。

漁業とはあまり縁のなさそうな山間部でも水産業は行われている。長野県の佐《さ》久《く》では伝統のコイに加え、平成16年に水産庁の承認を受けた新種のマス類である**信州サーモン**の養殖がさかん。**佐久ゴイ**は食用だが、面白いことに近年では水田でコイを育てる水田養鯉が復活しつつあるという。農薬がまかれた水田ではコイは生きることが難しい。こうした流れが起こったのも、無農薬栽培が注目を浴びている時代だからこそだろう。

やはり山間部である岐阜の清流**長良川**は**アユ**が有名。下流では神事であり観光

の目玉でもある１３００年の歴史を誇る伝統のアユ漁鵜飼《うかい》が行われている。鵜飼は愛知県犬山市の木曽川でも行われており、東海地方の暑い夏の風物詩となっている。

太平洋側、静岡県の焼津は**マグロ**でおなじみ。**焼津港**は特定第三種漁港にも指定されている。同港は過去には水揚げ高日本一も経験している。マグロの他にカツオもよく揚がる。

同じ静岡県の愛知県との県境近くにある湖が浜名湖。海水を含む湖の浜名湖はウナギの養殖で有名。生産量においては鹿児島県と愛知県などの後塵を拝するも知名度ではそれらを上回る。もっとも近年では稚魚の減少が心配のタネになっている。

ウナギと言えば内陸の長野県の諏訪湖《すわこ》は昭和30年代までは天然うなぎが豊富に獲れたため、近隣の市町には鰻屋さんが多い。

太平洋岸に戻って、最近では減少傾向にあるが、愛知県弥富《やとみ》市周辺のキンギョの養殖も押さえておきたい。

交通

東京と大阪という二大都市を結ぶのが東海地方。**東名高速道路**と並行する**新東名高速道路**、さらには山岳ルートの**中央自動車道**と大動脈が貫く。鉄道においても**東海道新幹線**が通っており、加えて**リニア中央新幹線**も建設が開始された。

もっともリニア中央新幹線の方は、静岡県知事による反対意見や、新型コロナ災禍によるＪＲ東海の赤字転落などから、今後に関しては、まだまだ予断を許さない情勢。ただ地震大国日本において太平洋岸はその危険が高いと言われて久しい地域である。迂回路自体は不可欠なだけに今後の成り行きを

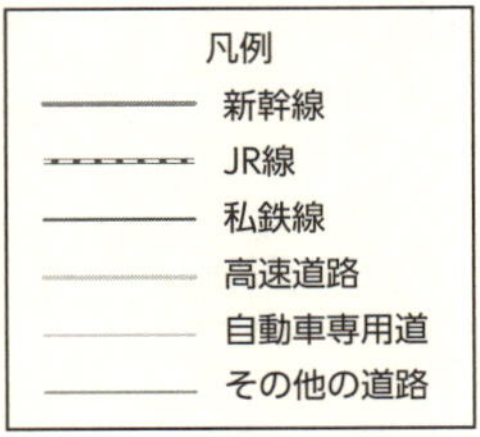

中部地方の交通

佐渡空港
佐渡
新潟県
弥彦線
越後線
柏崎
信越本線
関越自動車道
上越
北陸新幹線
あいの風
とやま鉄道線
糸魚川
輪島
珠洲
能登空港
のと鉄道
七尾線
のと里山海道
七尾
能越自動車道
七尾線
氷見線
魚津
黒部峡谷
鉄道
飯山線
石川県
高岡
大糸線
富山
北陸自動車道
長野
上信越自動車道
富山空港
富山県
金沢
城端線
富山地方鉄道
立山線
大町
群馬県
長野県新幹線
上田
小松
小松飛行場
北陸鉄道石川線
篠ノ井線
中部縦貫自動車道
飛騨
松本
佐久
松本空港
東海北陸自動車道
えちぜん鉄道
勝山永平寺線
高山
塩尻
岡谷
長野県
福井
長野自動車道
小海線
高山本線
越前
越美北線
福井県
岐阜県
伊那
下呂
舞鶴若狭
自動車道
長良川鉄道
郡上
飯田線
敦賀
甲府
樽見鉄道
名古屋
空港
東海環状自動車道
中央本線
小浜
名神高速道路
太多線
飯田
山梨県
岐阜
中津川
中央自動車道
小浜線
長浜
東富士
五湖道路
大井川鐵道本線
彦根
大垣
一宮
多治見
名古屋第二環状自動車道
身延線
府
滋賀県
富士宮
近鉄名古屋線
愛知環状鉄道
名古屋
名鉄名古
屋本線
三遠南信
自動車道
富士
東近江
豊田
静岡県
京都
大津
桑名
愛知県
新東名高速道路
伊勢湾岸自動車道
四日市
天滝浜名湖
鉄道
沼津
セントレアライン
岡崎
静岡
宇治
亀山
中部国際空港
藤枝
焼津
伊賀
掛川
静岡空港
豊橋
津
奈良
浜松
三重県
知多半島道路
遠州鉄道
東海道新幹線
東海道本線
松阪
橿原
伊勢
東名高速道路

見守りたい。

中部地方の中心地区である名古屋圏は自動車産業の影響が強い街であるにもかかわらず、長いこと都市高速道路網を持たなかった。しかし平成に入って整備が進み、さらに２００５年の「愛・地球博」の開催が決まるとその流れは加速。あっという間に環状線を含む**名古屋高速道路**の整備が進み、現在ではクルマの街の名に恥じない道路網が形成されている。伊勢湾が存在するので完全な環状線にはなっていないが、愛知・岐阜・三重の都市圏を結ぶ外周道路である**東海環状自動車道**もあり、この道路は**伊勢湾岸自動車道路**や**東海北陸自動車道**などにもリンクしている。

日本海側と太平洋側を結ぶのは**上越新幹線**に**関越自動車道**。それに今しがた紹介した東海北陸自動車道。東海北陸自動車道はそれまで陸の孤島だった世界遺産登録されている**合掌造り集落**の**白川郷**へのアクセスも容易にして、インバウンドブームの折りには昇龍道として人気を誇った。

イベントが造ったインフラと言えば、１９９８年の長野冬季オリンピックの開催にあわせて完成した**長野新幹線**もそうだ。２００５年に開港した**中部国際空港（セントレア）**も愛知万博がその建造を大いに後押しした。なるほど世界的な大

地図でわかる中部地方の各所と観光

中部地方の主な観光地を地図で紹介。

イベントを政界や財界が誘致したがるわけだ。

中部地方の交通といえば近年最大の話題になったのは2015年の**北陸新幹線**（長野－金沢間）の開業。特に金沢は多くの観光客を迎え大いに賑わった。もっとも弊害として大都会への人口流出を加速させる**ストロー効果**や、新幹線新駅の建設により旧市街地への人の流れが減少してしまうという弊害もあったことも知っておきたい。北陸新幹線は福井県の敦賀を経て最終的には大阪市への乗り入れを目指している。この導線が完成したら日本海側の人の流れは大いに変わることだろう。

歴史

信長、秀吉、家康の三英傑を生んだ東海地方

中部地方は日本の地理的中心部とあって東西合戦の決戦場となりやすい。中でも1600年に岐阜県と滋賀県の県境で行われた「天下分け目の**関**《せき》**ヶ**《が》**原**《はら》」こと関ヶ原の合戦はあまりにも有名。

そこから千年近く遡る６７２年には、天智《てんじ》天皇の後継者を巡って、天皇の弟、大海人皇子《おおあまのおうじ》（後の天武《てんむ》天皇）と天皇の息子、大友皇子《おおとものおうじ》（後に弘文《こうぶん》天皇と贈号）が争った壬申《じんしん》の乱《らん》があり、その折も関ヶ原近辺は主戦場のひとつだった。

戦国時代には多くの著名な戦国大名がこの地を舞台に覇権を競った。越後の**上《うえ》杉謙信《すぎけんしん》**と甲斐の**武田信玄《たけだしんげん》**が数度にわたり戦った川中島《かわなかじま》も長野県にある。太平洋岸では駿河の**今川義元《いまがわよしもと》**、三河の**徳川家康**、尾張の**織田信長《おだのぶなが》**、そして彼の跡を継いだ**豊臣秀吉**。さらに、加賀百万石の礎となった前田利家、熊本城築城の加藤清正《かとうきよまさ》、土佐《とさ》藩祖、山内一豊《やまうちかずとよ》など、その地の英雄のルーツを辿れば、東海地方に帰結する例は数知れず。もっとも彼らはいずれも最終的にこの地を離れており、そんなこともあって江戸時代以降は東海地方は歴史の脇役に甘んじるようになる。

戦後、製造業の一大拠点として繁栄した名古屋は１９７０年代後半に五輪誘致に乗り出す。しかし誘致合戦で国連に未加盟だった韓国にまさかの敗退。名古屋の街は失意の声に包まれ、一方の韓国はこれをきっかけに躍進する。

名古屋が名誉挽回を果たしたのは、ほぼ四半世紀後の２００５年。この年、国際博覧会事務局が認める国際博として名古屋市郊外の愛知県長久手《ながくて》町（現長久手市）や瀬戸市を会場に「愛・地球博」が開催され、東海地方の人々はようやく溜飲を下げた。

現在は産業不毛の地と化した日本の一縷の望みでもあるのが東海地方を中心とする中部地方。しかしコロナによる災禍など厳しい時代はまだまだ続く。

第五章
近畿地方

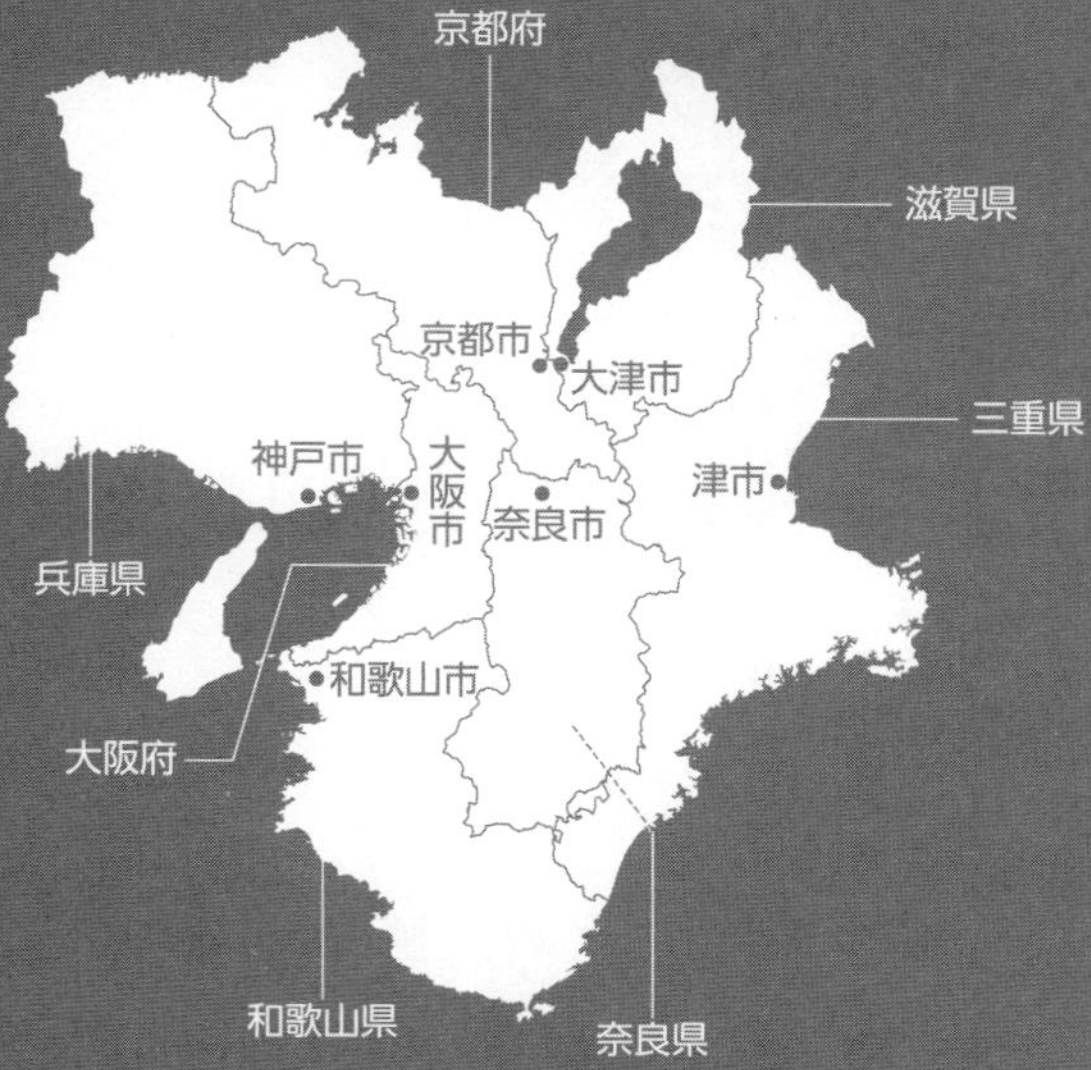

伊勢、熊野のある三重、和歌山

近畿《きんき》地方と軽々しく呼んでいるけれど、そもそもその名称ってどこから来たのだろう。近畿というくらいだから「畿」に近いのでは？　という推測くらいはできるけれど……。古代中国では天子すなわち支配者が治める地域を畿と呼んだ。もちろん日本における天子は天皇。つまり日本において畿というのは天皇が治める都、そこでその畿の近くが近畿地方となったというわけだ。具体的な範囲は**畿**《き》**内**《ない》およびその周辺。畿内とは**山城**《やましろ》、**大和**《やまと》、**河内**《かわち》、**和泉**《いずみ》、**摂津**《せっつ》の5か国を指す。この5か国を五畿内と呼ぶ。

現在の府県名になおすと、山城は京都府《きょうとふ》の南部、大和はもちろん奈良県《ならけん》、河内は大阪府《おおさかふ》の南東部、和泉は大阪府の南、そして摂津が大阪府北西部と兵庫県《ひょうごけん》南東部に当たる。近畿はこれに周辺地域を加えるわけで、都及びその周辺という具合に理解しておけばまず間違いないだろう。

現在、近畿とほぼ同じ範囲を指す言葉でよく使われているのが**関西**という言葉。

関西とは関東の対義語で、どちらかというと関東目線の言葉。もっとも現在ではさすがに近畿は厳めしい印象があるせいか、当の近畿在住の方々も専ら関西を自称している。

各府県に触れてみたい。まずは**三重県**《みえけん》。テレビの地上波は名古屋の準キー局の放送エリアで経済的にも中京圏。しかし私鉄は近鉄がメインで、大阪への通勤圏ですらある。その一方、紀勢地方《きせいちほう》という言葉があるように和歌山との往来もさかん。新潟県などと並んで非常にカテゴライズが難しい県といえる。

県庁所在地は**津市**《つし》だけど県内で最大の都市は**四日市市**。旧国名での構成は**伊勢**《いせ》**神宮**《じんぐう》こと神宮のある**伊勢国**、真珠の養殖で知られる**志摩半島**《しまはんとう》のある**志摩国**、忍者で有名な**伊賀国**《いがのくに》、さらに**紀伊国**《きいのくに》の一部をも含むため、県の面積自体は広くないがバラエティに富んだ県と言える。

紀伊半島の南にあるのが紀州《きしゅう》こと**和歌山県**《わかやまけん》。紀伊国の由来が木国《きのくに》であったことが示すように山林が多い。交通の便こそ良いとは言えないが、吉宗《よしむね》、家茂《いえもち》と2人の将軍を出したのが御三家の紀州。水戸出身の将軍は最後の将軍徳川慶喜《とくがわよしのぶ》のみ。御三家筆頭の尾張に至っては幕府の終焉までについに一人の将軍も出せなかったのだから、紀州は幸運の地といえる。弘法大師空海がいまなお存命であるという高野山《こうやさん》、そして世界遺産にも登録されている熊野古道《くまのこどう》と熊野三山《くまのさんざん》など歴史的な見所の多い県だ。

湖の面積日本一を誇る**琵琶湖**《びわこ》を擁するのが**滋賀県**《しがけん》。県庁所在地は**大津市**《おおつし》。旧国名は**近江国**《おうみのくに》。近江とは都から近い湖を意味する。もちろん琵琶湖に由来する名称。ちなみに琵琶湖の面積は滋賀県の面積の6分の1と意外に狭い。余談だけれど、著者はこの本の前身の前身に当たる本で校正ミスをして、滋賀県の4分の1だか3分の1だかが琵琶湖だと記してしまった恥ずかしい過去がある。これはいまでもトラウマ。むろん滋賀県を訪れた際はお役所を訪問し丁寧にお詫びしてきた。もっとも当の広報担当の方は、何を詫びているのかわかっていらっしゃらなかったご様子ではあったけれど。

滋賀県は南北に長く、琵琶湖は滋賀県の真ん中にドーナツの穴のように位置するため、実際より大きく感じるという地元の人も少なくない。

歴史が息づく京都、奈良、大阪、そして兵庫

滋賀の西隣は**京都府**。「千年の都」平安京《へいあんきょう》のあった地域。旧国名では山城《やましろ》、丹《たん》波《ば》、丹後《たんご》の3国に該当する。

山城国は現在の京都府の南部。平等院鳳凰堂《びょうどういんほうおうどう》で有名な宇治市《うじし》は山城にあたる。丹波国は現在の京都府の真ん中から兵庫県の東部にかけてのさほど険しくない山々に囲まれた一帯。丹後ちりめんに名を遺す丹後国は丹波国から分かれた地域、現在の京都府の北部で日本海沿岸。そこからほんの少し足を延ばせば、志賀直哉《しがなおや》の小説で有名な城崎温泉《きのさきおんせん》（兵庫県）や天橋立など風情ある地域にたどり着く。

京都より先に栄えていたのが平城京《へいじょうきょう》などの都があった**奈良県**。ほぼかつての**大和国**に該当する。近畿地方の内陸県はこの奈良県と滋賀県のみ。県庁所在地の奈良市があり、観光はむろんのこと大阪や京都のベッドタウンとしても栄えている北部に対して、山深い吉野《よしの》以南では過疎化が深刻な問題になっている。一種の南北問題が発生しているのが奈良県なのだ。

その奈良県の西にあるのが、実質的に日本第二の都市である大阪市を擁する**大阪府**。「実質的」などという言い方をしたのは人口において東京二十三区に次ぐのは横浜市だから。しかしながら横浜市は首都東京とほぼ同一の経済文化圏を構成しているため、ここでは大阪を実質第二の都市とした。古くからの商都であり、戦前は大大阪として日本一の経済都市にもなったほど。念を押しておくと大大阪は誤字ではない。東京をも凌ぐ日本最大の都市、大阪という意味だ。

近年も大阪は、大阪市と大阪府の二重行政の解消を目的とした大阪都構想、2025年の万博開催など話題に事欠かない。京都と並び外国人観光客からの人気も高く、時として東京をしのぐほど。旧国名では和泉、河内、摂津にあたる。

大阪湾を挟んで大阪府と向かい合うように立地するのが**兵庫県**。県庁所在地はキングジョーもとい、おしゃれなイメージのある**神戸市**《こうべし》。北は日本海、南は瀬戸《せと》内海《ないかい》に面した近畿地方でもっとも大きな県。そのためか旧律令制下の国では7つもの国に跨る。**淡路島**《あわじしま》も兵庫県に属するため四国からの玄関口ともなっている。1995年に発生した阪神淡路大震災では甚大な被害を受けたが、現在は復興も進み、被災した方々の震災時の経験や、それを克服するための知恵や工夫は、他の地方の被災者にとって大きな助けとなっている。

地形

日本一の紀伊半島と琵琶湖に育まれた地方

近畿地方の日本海岸はリアス式海岸の**若狭湾**《わかさわん》。若狭湾の西端に四角く突き出しているのが丹後半島。その東にあるのが日本三景のひとつ**天橋立**《あまのはしだて》。百人一首にある**小式部内侍**《こしきぶのないし》の「**大江山　いく野の道の　遠ければ　まだふみもみず　天橋立**」という短歌が思い出される。確かに天橋立は京の都からはかなり遠い。

若狭湾の南には**丹波高地**。その向こう側は華やかな京や大阪。ギターに似た形をした楽器の琵琶に似ていることから名付けられた琵琶湖は京阪神の水瓶。京都へは明治時代に造られた琵琶湖疏水《そすい》が、大阪には、滋賀県では**瀬田川**《せたがわ》、京都では**宇治川**《うじがわ》という名で親しまれる**淀川**《よどがわ》が、琵琶湖の水を運ぶ。到着地点は**大阪湾**。あの道頓堀川《どうとんぼりがわ》の正体も実は淀川というのだから、まさに京阪神の繁栄は淀川の賜物と言えるだろう。

テレビやネットでは滋賀県の悪口を言う他府県民に対し、「琵琶湖の水、止めたろか」という滋賀県民の返しがよく話題になっているけれど、現実には琵琶湖の水の管轄権は滋賀県にはなく、これは不可能。ちなみにそれでもと実力行使すれば、当の滋賀県のかなりの部分が水没してしまうという。ううむ、困った。ここだけの話、著者は滋賀県が結構好きなのだ。こういうことを書くとレビューで「筆者の感想はいりません」などと悪口を書かれるが、好きなものは好きなのだ。しかしまあそうは言っても著者にはどうすることもできない。悔しいがここは一旦大阪や京都の軍門に下るしかあるまい。あとは時節を見計らって……。聞くところによると1400万人以上の人々が琵琶湖の水に依存しているとか。これはすごい、実に日本人の十人に一人が琵琶湖のお世話になっているのである。さすがは琵琶湖。『偉大なるしゅららぼん』というところか。

中部地方との境界、伊勢湾に目を移す。その西側には**伊勢平野**、さらにその背後には**鈴鹿山脈**が連なる。そして、リアス式海岸の**志摩半島**が東に向かって小さく存在感を見せる。

この志摩半島は言わずと知れた養殖真珠の故郷。その志摩半島で世界で初めて真珠の養殖に成功した御木本幸吉《みきもとこうきち》の思いが泣ける。「世界中の女性を真珠で飾ってごらんにいれます」、なんてかっこいいんだ。著者は泣いたぞ。すまぬ、志摩半島には何度も訪れているが、貧困ゆえ未だに真珠を購入したことはない。しかしいつかきっと、いつか必ず、志摩半島で真珠を購入するぞ、御木本幸吉万歳、日本国万歳。

ちょっと熱くなりすぎた。自省。そんな志摩半島を越えれば**熊野灘**。さらに南へ下れば**潮岬**《しおのみさき》に到達する。この潮岬を先端とし和歌山県、奈良県、そして大阪府の一部をも含む巨大な半島が**紀伊半島**《きいはんとう》だ。紀伊半島の真ん中には紀伊山地がある

近畿地方の地形と農林漁業

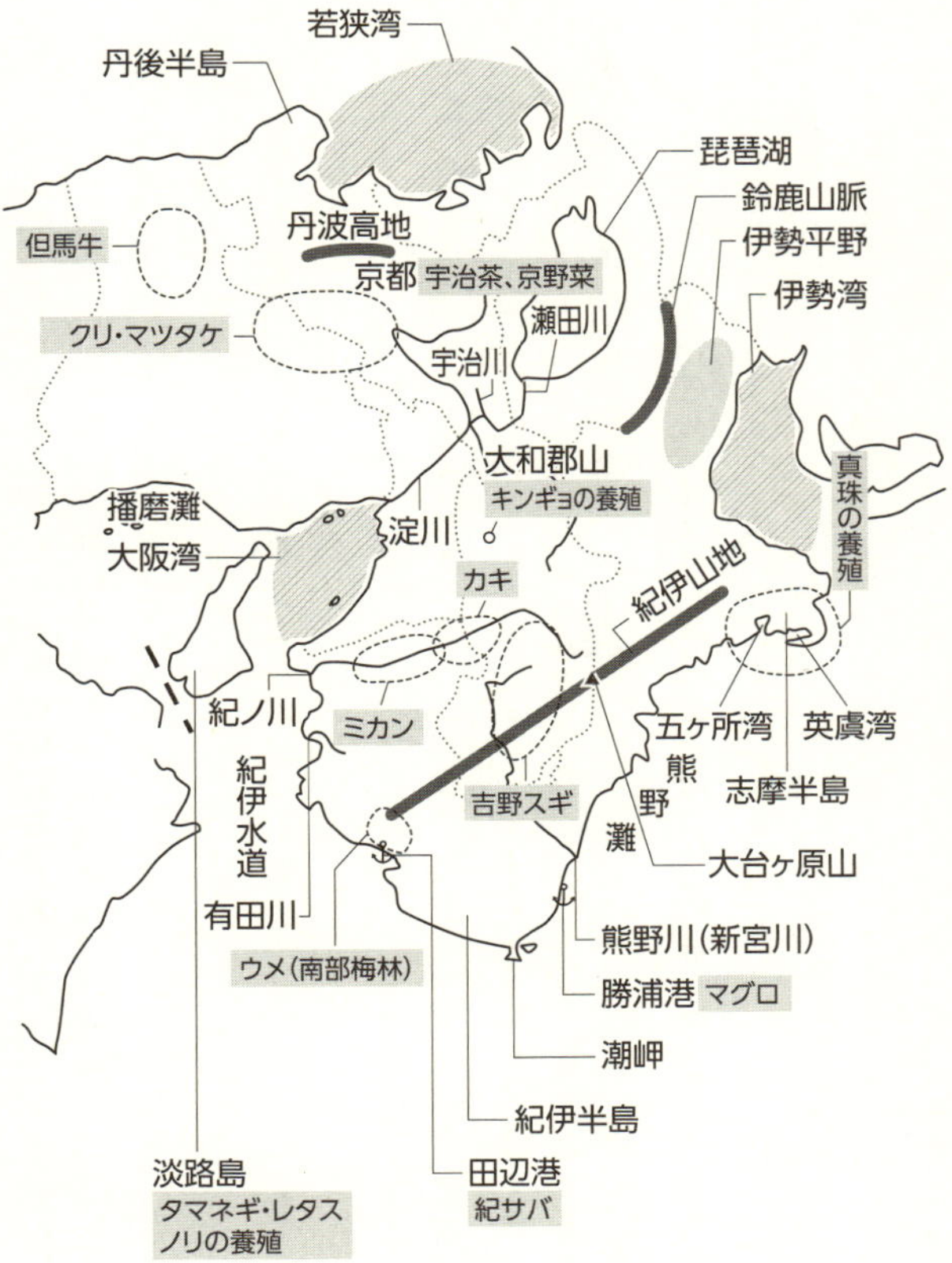
若狭湾
丹後半島
琵琶湖
鈴鹿山脈
伊勢平野
伊勢湾
丹波高地
但馬牛
京都 宇治茶、京野菜
瀬田川
クリ・マツタケ
宇治川
大和郡山
キンギョの養殖
真珠の養殖
播磨灘
淀川
大阪湾
カキ
紀伊山地
紀ノ川
ミカン
五ヶ所湾
英虞湾
熊野灘
紀伊水道
吉野スギ
志摩半島
大台ヶ原山
有田川
熊野川(新宮川)
ウメ(南部梅林)
勝浦港 マグロ
潮岬
紀伊半島
淡路島
タマネギ・レタス
ノリの養殖
田辺港
紀サバ

ため、必然的にこの辺りには大きな川が存在する。熊野灘側に注ぐのが**熊野川**、半島の西側の**紀伊水道**側に注ぐのが**有田川**《ありだがわ》。同じく紀伊水道側には**紀ノ川**《き》（上流は吉野川）も流れ込んでいる。

兵庫県の南が**播磨灘**《はりまなだ》。一昔前、『ああ播磨灘』というとんでもない相撲マンガがあったっけ。その播磨灘と大阪湾を隔てるかのように位置するひし形を縦に伸ばしたような形の島が、有名な淡路島だ。

農林業

ブランド牛のふるさとにして茶どころの近畿

大阪という東京に次ぐ大消費地を抱えて**淡路島では近郊農業**がさかん。かつては花と緑とタマネギの島と言われていた淡路島。タマネギ王国ぶりは今でも健在だ。近年では人材派遣のパイオニアであるパソナ社の本社機能移転で賑わっているとかいないとか。往年の女性漫才コンビ、海原千里・万里の千里こと上沼恵美子の出身地としても有名だ。

近畿は茶どころ。主な産地は、三重県と京都府。**京都の宇治茶**《うじちゃ》は高級感を醸し出している。如何にも京野菜《きょうやさい》というのがカブ。京都及び隣県の滋賀での栽培が目立つ。

古代から大消費地だっただけに、近畿地方では他地域と比較して農業が目立たない。しかしそんな近畿地方の各県の中で気勢を上げるのが**和歌山県**。特に**ミカン**。愛媛県や静岡県という強力なライバルを相手に、この十数年間生産量日本一を堅持している。

渋いところではカキやウメも。**紀州のウメ**が質量ともに全国トップレベルであることに異論を挟む人はいないだろう。

畜産に目を向けよう。全国的なブランド牛の**但馬牛**は兵庫県の日本海側豊岡市を中心とする但馬《たじま》地方がその故郷。「たじまぎゅう」じゃないぞ。「たじまうし」だ。**神戸牛**や**松阪牛**《まつざかうし》、さらには**近江牛**など、近畿地方だけでも様々なブランド牛があるけれど、それらの共通のルーツが但馬牛。サラブレッドで言うところの三大始祖を思わせる。

紀伊国は木国だけに、和歌山県は林業で成り立ってきた県。ただ紀伊山地は私有林が多い。かつては伐り出した木を筏に組んで、熊野川や紀ノ川に流して、下流の**新宮**《しんぐう》や**和歌山**で製材していた。同じ紀伊山地の奈良県吉野川流域の**吉野スギ**は最高級のブランド材として有名だ。

水産業

世界初の養殖真珠ミキモト、紀伊水道の紀サバ、勝浦の本マグロ

紀伊半島の東、伊勢湾と熊野灘に挟まれた三重県の志摩半島は典型的なリアス式海岸。その志摩半島の**英虞湾**《あごわん》で御木本幸吉は世界で初めてアコヤガイからの**真珠の養殖**に成功した。現在、真珠の養殖は愛媛県宇和海《うわかい》、長崎県大村湾でも行われている。志摩半島の三重県はもう長いこと養殖量においてそれら2県を下回る。しかし、志摩半島の真珠は、いまも英虞湾や**五ヶ所湾**《ごかしょわん》で活発に生産されており、その人気は世界的なものとなっている。

養殖といえば、三重県の隣県でもある奈良県大和郡山市《やまとこおりやまし》の**キンギョの養殖**も有名だ。元々は武士の副業として始められたもので、その歴史は江戸時代享保年間にまで遡る。キンギョの養殖においては、愛知県の弥富市、熊本県の長洲町とあ

わせて、3大巨頭と言っても過言ではないだろう。

淡路島でも養殖が行われている。こちらはノリ。そのおかげで兵庫県はノリの収穫量上位の常連だったりする。これはトリビア？

黒潮が流れる太平洋に面している和歌山県。如何にも大きな漁港がありそうだが、実は近畿地方には特定第三種漁港に指定されている漁港がない。

それでも三重県の奈屋浦港《なやうらこう》、和歌山県の田辺港《たなべこう》、同じく和歌山県那智勝浦《なちかつうら》の勝浦港といったところはかなり有名な漁港だ。田辺港では脂がのった紀伊《きい》水道の紀サバが揚がる。勝浦港は何といっても本マグロ。昨今、築地市場や三崎、焼津など新鮮な魚を食べられる市場や港が、観光地としてもクローズアップされているが、勝浦港にもマグロ目当てに訪れる人が増えている。

気候

暖流と黒潮の影響で冬でも比較的暖かいが京都の夏は暑い！

日本海にも太平洋にも瀬戸内海にも面しているのが近畿地方。さらに加えて近畿地方には丹波高地などがあるから、内陸性の気候に属する地域もある。そんなわけで多様な気候が混在して見られるのが近畿地方だ。

近畿地方の日本海側、冬の降水量が多いのは当然なのだが、暖流である対馬海流の影響で、冬でも気温はそれほど極端には下がらない。そのため東北や北陸のような豪雪地帯ではない。

内陸部は盆地が多いため、京都に代表されるように、夏はかなり暑くなるところが点在する。

太平洋側は黒潮の影響で温暖。台風中継でお馴染みの潮岬があることからわかるように、台風の通り道でもある。

紀伊半島、熊野灘の三重県**尾鷲市**《おわせし》や、その三重県と奈良県を跨ぐ**大台ヶ原**《おおだいがはら》は日本有数の降水量を記録した雨の名所。

大阪や神戸、明石や姫路は瀬戸内海に面している。そのため夏も冬も季節風の影響を受けにくく、一年を通して雨の少ない**瀬戸内式気候**の地域になる。大阪が瀬戸内式と言われると違和感を抱く人もあるかも知れないが、地図を見れば納得できるはず。

もっとも大阪の場合は東京に次ぐ大都市であるためヒートアイランド現象の影

響も大きく、甲子園球場からの野球中継でおなじみの浜風が水分を運んでくるため、瀬戸内特有のからっとした暑さではなく、湿気を含んだ暑さとなる。日本の夏の厳しさはもはや風物詩。備えを万全にしたら、割り切って暑い夏ならではの楽しみ方を追求してしまうのが正解なのかも知れない。

工業

日本第二の工業製品出荷額の阪神工業地帯

近畿地方の工業と言えば真っ先に話題に上げたいのが**阪神《はんしん》工業《こうぎょう》地帯《ちたい》**。現在も日本第二位の工業製品出荷額を誇るけれど、戦前は日本一の工業地帯であり、その中心都市だった大阪もまた日本一の工業都市だった。ついた異名が「**東洋のマンチェスター**」。

マンチェスターとはイギリス西部にある都市。サッカーはプレミアリーグの強豪チーム、マンチェスター・シティや、やはり名門チームのマンチェスター・ユナイテッドのおかげで日本人にもすっかり馴染みのある地名になった。かつてのイギリス、そして工業とくれば、当然思い浮かぶのは産業革命。マンチェスターはその中心地として大いに栄えた。

当時の主要生産品は綿織物。戦前の大阪もまた紡績業が発展し日本一だったことから、東洋のマンチェスターと呼ばれるようになったわけだ。そして大阪は大大阪と讃えられ、大阪湾岸は東京や首都圏を凌ぐ日本一のエリアだった。

やがて戦争が終わり、1950年代には、阪神工業地帯は京浜に一位の座を明け渡す。さらに中京の躍進で三位に転落する。しかし人口流入が進む首都圏で工業用地が商業用地や住宅用地に転換され、それに伴って京浜工業地帯の工業製品出荷額も下落、阪神工業地帯は二位に返り咲いている。

大阪湾岸を南から順に主な工業都市を紹介しよう。和歌山市では長らく住友金属による製鉄業がさかんだった。かつて世界一を誇った日本の製鉄業。しかし技術の流出や法務の弱さ（パテント取得と維持と法廷闘争）などから90年代以降徐々にアドバンテージを失っていく。組合が強く人件費の高騰が抑えにくい日本に対して、当時のアジア諸国では、低賃金での雇用でも歓迎されるという人件費における圧倒的な不利もあった。

それでも2000年代前半は、北京五輪と上海万博を控えた中国からの特需もありなんとか持ち直しつつあったが、先程述べたような理由から韓国や当の中国に世界一の座を奪われていく。他の業種と同じように鉄鋼業においても経営と製造拠点の統廃合が進む。この和歌山でもその流れは避けられず、現在も和歌山にある日本製鉄関西製鉄所和歌山地区ではシームレス鋼管などが製造されているが、近いうちに2基ある高炉のうち1基が休止されることが予定されており、厳しい状態は続いている。

臨海部の堺泉北臨海工業地帯

大阪湾岸、大阪市の南の**堺市**《さかいし》から**泉大津市**《いずみおおつし》にかけての臨海部に形成されているのが**堺泉北臨海工業地帯**《さかいせんぼくりんかいこうぎょうちたい》。堺の石油化学コンビナートには外資系を含め錚々たる企業の製造拠点や事業所が点在する。昨今では工業拠点としての価値に加え、工場萌えの夜景スポットとしても人気だ。ただここでも事業の縮小は他人事ではなく、製造業における令和日本の衰退を感じてしまうのは仕方のないところか。

この辺り一帯、泉州《せんしゅう》と呼ばれる地域は江戸時代から繊維産業がさかんに行われていたことでも有名。泉大津市の毛布は国内シェア90%を誇り、泉佐野市で生産されるタオルは泉州タオルと呼ばれ、肌触りや吸水性に優れるタオルとして人気がある。

製造業の衰退を感じる内陸の都市

内陸に目を向けたい。大阪市の北東、淀川沿いの門真市《かどまし》から守口市《もりぐちし》にかけての一帯は、日本における一大電気機器製造地帯だ。かつてこのあたりには世界屈指の家電メーカーが3つもあった。ナショナルブランドで日本の家電業界のトップを走った松下電器産業（現パナソニック）。その松下電器の創始者である経営の神様こと松下幸之助《まつしたこうのすけ》氏の義理の弟で松下電器の専務でもあった井植歳男《いうえとしお》氏が創設した三洋電機。そして金属製シャープペンシルの発明者でもある早川徳次《はやかわとくじ》氏が創設したシャープ。

これも暗い話であまりしたくはないのだが、やはり日本の工業を語っている以上、話さざるを得ないだろう。ほんの少し前まで、いま名前を挙げた3社の他にも、日本には錚々《そうそう》たる電機メーカーが存在し、世界レベルの品質とサービスと規模を競い合っていた。世界のソニー、明日をつくる技術の東芝、インターフェイスの日立製作所、数え上げればきりがないほど。

しかし企業が目先のお金に目がくらんだのか、強すぎる組合が自らの首を絞めたのか、企業と技術を軽視した国や役所が守りそこねたのか、はたまたそれらが招いた韓国や中国の躍進、ともかくも様々な要因から日本の家電メーカーは衰退を余儀なくされている。ソニーの屋台骨は金融やエンタメに。もっとも業績は好調のようなのでそれはそれで素晴らしいのだけれど。パナソニックは様々な分野を縮小、特にテレビ生産のそれは昔日の栄光を知る世代には物悲しいものを感じさせる。三洋電機は経営に失敗しパナソニックに吸収され、シャープは台湾企業の傘下に。東芝は原発関連の投資に失敗して主要部門を切り売り、日立もまた巨額の赤字に苦しんでいる。

話を戻そう。それでもまだかつてに比べれば規模は縮小されてはいるが、門真市にも守口市にも今以て世界レベルの製造拠点は点在する。日本は少なくとも建前上は社会主義国ではないのだから、むやみに国が干渉するのは決して褒められることではないが、雇用と国力の維持のためには公からの支援は不可欠。かつて日本の通産省は世界の手本となる役所だった。あの英国が模倣したとも言われる。今の役所に権力を与えたところでどうなるかという疑問は湧かぬ訳でもないが、それでもじっとしてても衰退が進むだけ。幸か不幸か、現在の世界は変化が激しい。ならばどこかに逆転の芽もあるはず。一縷の望みではあるが、そこに期待したいのだ。

家電とともに日本の経済を支えてきたのが自動車産業。大阪府の北西、兵庫との県境にある**池田市**《いけだし》には軽自動車を中心に小型車の開発製造で高評価を得ているダイハツ工業の本社と製造拠点がある。本社所在地の住所は大阪府池田市ダイハツ町1番1号。

そのダイハツもいまではトヨタの完全子会社。もっとも欧州に目を向けても、ドイツのフォルクスワーゲンはポルシェやアウディを支配下においているし、イタリアのフィアットもマセラティやアルファロメオといった名門を傘下にしている。中国の参入で世界的にさらなる競争の激化が不可避な業界である以上、消滅させない形での経営統合ならばむしろ好意的に見るべきなのかも知れない。

東の横浜と並んで東洋に誇る商港を擁したのが兵庫県の県庁所在地神戸。正直なところ、阪神淡路大震災以降、貿易拠点としてはいささか衰えてはいるが、海沿いには**伝統の造船業**をはじめとして多くの企業の製造拠点が立ち並ぶ。川崎重工業神戸工場と三菱重工業神戸造船所は共にその起源を明治にまで遡る老舗。両工場で製造されている潜水艦は日本の海防の要だ。意外なところでは鉄道車両なども。

神戸より西の播磨灘沿岸。姫路市《ひめじし》、加古川市《かこがわし》、高砂市《たかさごし》に跨る一帯が**播磨臨海工**《はりまりんかいこう》

近畿地方の工業と伝統工業 ▭ =伝統工業

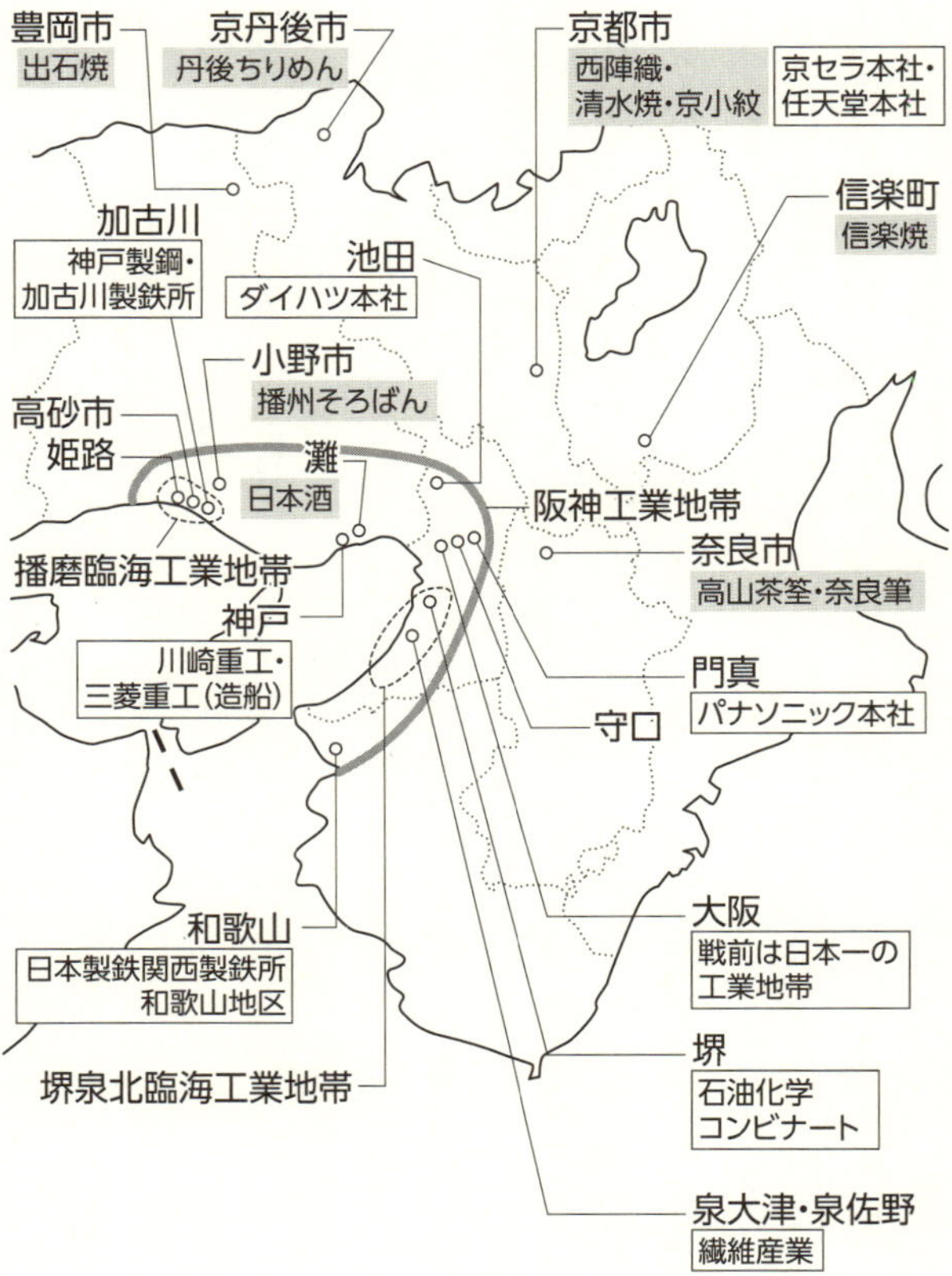
豊岡市
出石焼
京丹後市
丹後ちりめん
京都市
西陣織・
清水焼・京小紋
京セラ本社・
任天堂本社
信楽町
信楽焼
加古川
神戸製鋼・
加古川製鉄所
池田
ダイハツ本社
小野市
播州そろばん
高砂市
姫路
灘
日本酒
阪神工業地帯
奈良市
高山茶筌・奈良筆
播磨臨海工業地帯
神戸
川崎重工・
三菱重工(造船)
門真
パナソニック本社
守口
和歌山
日本製鉄関西製鉄所
和歌山地区
大阪
戦前は日本一の
工業地帯
堺
石油化学
コンビナート
堺泉北臨海工業地帯
泉大津・泉佐野
繊維産業

業地域《ぎょうちいき》。ラグビーで一世を風靡した神戸製鋼の加古川製鉄所などがある。

製造拠点や工場はないが内陸の京都市には任天堂と京セラという日本を代表するメーカーの本社があるということも書き添えておきたい。

伝統工業

近畿地方は古くから日本の中心だった地域。それゆえに伝統工業においては一日の長がある。まずは京都。高級絹織物である**西陣織**《にしじんおり》、その名の由来は応仁《おうにん》の乱《らん》の際の西軍の陣地。応仁の乱がでてくるとはさすがは京都といったところ。着物に友禅染を施した**京友禅**《きょうゆうぜん》は**加賀友禅**《かがゆうぜん》のルーツでもある。その起源は江戸時代、扇絵師の宮崎友禅斎によって始められたと言われる。

他にも焼き物の**清水焼**《きよみずやき》や染物の**京小紋**《きょうこもん》など、経済産業大臣から伝統的工芸品指定を受けたものだけでも十五品目以上ある。またそのほとんどが経済産業省の前身である通商産業省から指定を受けたもの。伝統的工芸品指定を受けた品は伝統証紙の使用が許される。何がよいものかわからなかったらとりあえずこのマークを参考にするのもアリだろう。むろん伝統的工芸品指定を受けていない伝統工芸品にもよいものはたくさんある。奈良時代から作られているといわれる絹織物、**丹後ちりめん**もそのひとつだ。

京都よりさらに古い古都奈良では茶道の道具、竹細工の**高山茶筌**《たかやまちゃせん》と**奈良筆**《ならふで》が指定を受けている。奈良筆の起源は平安時代の高僧である空海にまで遡ると言われている。

滋賀の**信楽焼**《しがらきやき》は愛すべきアイテム。あの狸の置物が代表的。兵庫の日本海側豊《とよ》岡《おか》市《し》で焼かれる**出石焼**《いずしやき》は珍しい白磁《はくじ》基調の焼き物。同じ兵庫の南部にある小野《おの》市《し》では、実用品でありながら民芸品でもある**播州**《ばんしゅう》**そろばん**が製造される。伝統工芸品ではないが、兵庫ときたら**灘**《なだ》**の日本酒**。実はこの地域には日本でも最難関の中高がいくつかあるのだが、起源を遡ると酒造業者の組合にたどり着く。なるほど禁煙は進んでも、飲酒へのお咎めが少ない理由は、結構深いところにあるのかもしれない。

交通

かつて政治はもとより宗教、文化、経済などにおいても日本の中心だった地域

近畿地方の交通

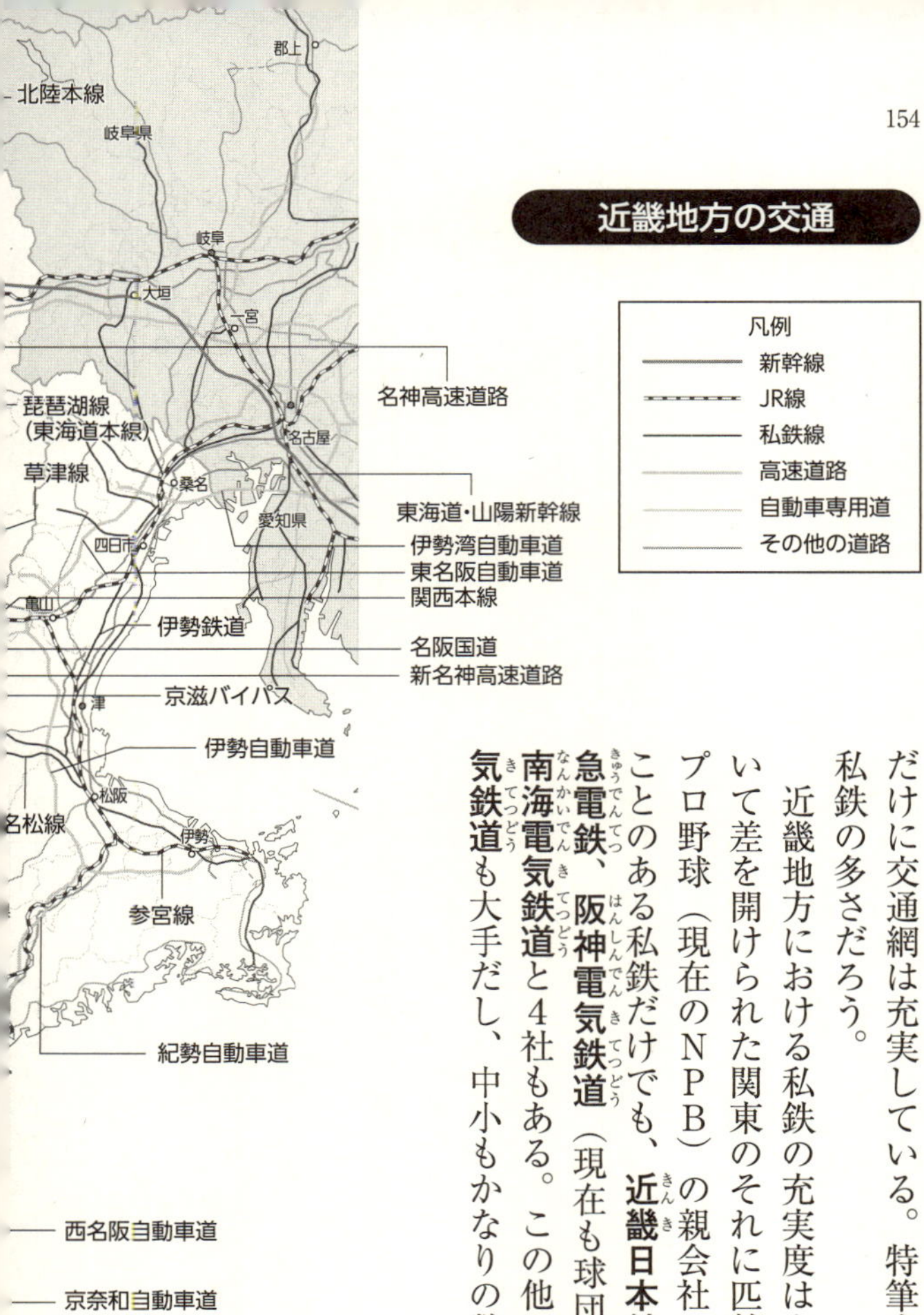

だけに交通網は充実している。特筆すべきは私鉄の多さだろう。

近畿地方における私鉄の充実度は人口において差を開けられた関東のそれに匹敵する。プロ野球（現在のNPB）の親会社になったことのある私鉄だけでも、**近畿《きんき》日本鉄道**、**阪《はん》急電鉄《きゅうでんてつ》**、**阪神《はんしん》電《でん》気《き》鉄道《てつどう》**（現在も球団を保持）、**南海電《なんかいでん》気《き》鉄道《てつどう》**と4社もある。この他に**京福電《けいふくでん》気《き》鉄道《てつどう》**も大手だし、中小もかなりの数にのぼ

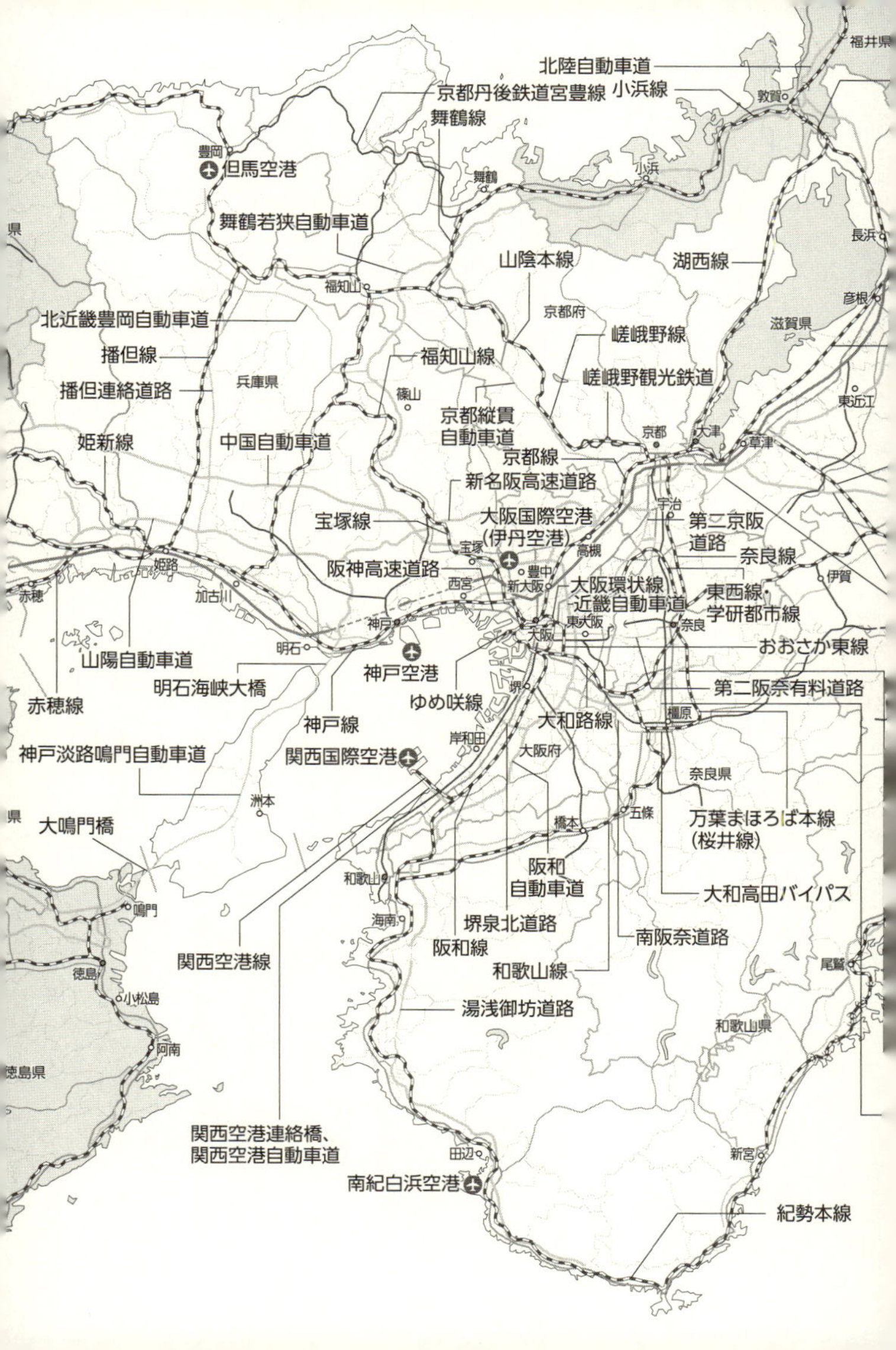

北陸自動車道
福井県
京都丹後鉄道宮豊線
小浜線
敦賀
舞鶴線
豊岡
但馬空港
舞鶴
小浜
長浜
舞鶴若狭自動車道
湖西線
山陰本線
福知山
彦根
京都府
北近畿豊岡自動車道
滋賀県
嵯峨野線
播但線
福知山線
嵯峨野観光鉄道
兵庫県
播但連絡道路
篠山
京都縦貫
自動車道
東近江
京都
大津
草津
姫新線
中国自動車道
京都線
新名阪高速道路
宇治
大阪国際空港
(伊丹空港)
第二京阪
道路
宝塚線
高槻
宝塚
奈良線
姫路
阪神高速道路
豊中
伊賀
赤穂
加古川
西宮
新大阪
大阪環状線・
近畿自動車道
東西線・
学研都市線
神戸
東大阪
奈良
大阪
明石
おおさか東線
山陽自動車道
神戸空港
明石海峡大橋
堺
第二阪奈有料道路
ゆめ咲線
赤穂線
大和路線
橿原
神戸線
岸和田
神戸淡路鳴門自動車道
関西国際空港
大阪府
奈良県
洲本
五條
万葉まほろば本線
(桜井線)
大鳴門橋
橋本
阪和
自動車道
和歌山
鳴門
大和高田バイパス
堺泉北道路
海南
南阪奈道路
阪和線
関西空港線
徳島
和歌山線
尾鷲
小松島
湯浅御坊道路
和歌山県
阿南
徳島県
関西空港連絡橋、
関西空港自動車道
田辺
新宮
南紀白浜空港
紀勢本線

る。それぞれの沿線には線風とも表現すべきカラーがあって、これもなかなか面白い。広義においては私鉄に含まれるＪＲの路線も充実している。特に新大阪駅は**東海道新幹線の終点であり山陽新幹線の起点**でもあるので、**ＪＲ東海**と**ＪＲ西日本**の双方が管理する駅となっている（他に大阪メトロこと**大阪市高速電気軌道**も利用）

道路網もよく整備されている。高規格幹線道路としては日本初の高速道路である**名神高速道路**《めいしんこうそくどうろ》が西宮《にしのみや》ＩＣを終点としており、吹田《すいた》ジャンクションは**山陽自動車道**や**中国自動車道**の起点として中国地方との交通を支えている。これらに加え、大阪を南北に結ぶ**近畿自動車道**や阪神地区の都市高速である**阪神高速道路**、名古屋方面から京都や大阪への迂回路として機能した京滋《けいじ》バイパスなどが以前から存在したが、平成以降はさらに**京奈和自動車道**《けいなわじどうしゃどう》、**第二京阪道路**、**新名神高速道路**など、整備・建設が次々に進められ、かつてクルマで大阪を目指す人を大いに悩ませたあの天王寺《てんのうじ》トンネルの大渋滞も現在ではほぼなくなった。路線図があまりに複雑なのが玉に瑕ではあるが、流れの分散という点では、首都圏におけるそれよりうまく機能している感がある。

四国への玄関口もある。３つある本州四国連絡橋ルートのひとつが、世界最長の吊橋である**明石海峡大橋**《あかしかいきょうおおはし》。神戸から淡路島へこの橋で渡って、そこから**大鳴門橋**《おおなるときょう》で四国入りが可能だ。

1994年（平成六年）に開港した関空こと**関西国際空港**は西の空の玄関口。元々この地域の空の玄関口は、池田市と伊丹市《いたみし》さらには豊中市《とよなかし》にまたがるアクセス抜群の伊丹空港こと大阪国際空港だった。しかし市街地の真ん中ゆえに拡張はほぼ不可能で、お決まりの騒音問題も発生。代替空港の建設の必要性が叫ばれ、紆余曲折の末に、大阪湾の南、泉州沖《せんしゅうおき》に人工島が建設され、関西国際空港が開港した。代替空港といえばかつての新東京国際空港（成田国際空港）や中部国際空港（セントレア）が比較の対象となるが、いずれもそもそも市街の密集地を避けるところからのスタートなので、アクセスに難があるのは仕方のないところ。

関西の空港にはもうひとつ**神戸空港**がある。神戸の人工島であるポートアイランドの近くにさらに人工島を建造し、2006年に開港した新しい空港だ。実は伊丹空港の代替空港の建設が検討されていた折も、神戸港沖は有力候補地とされていた。その頃、大きな問題だったのが公害問題。当時の神戸は海運においても東洋一のレベルで、街の人気も高く、いまでいうブランド力も強かった。そんなこともあって住民の多くが反対し、伊丹空港の代替空港は泉州沖に造られた。そ

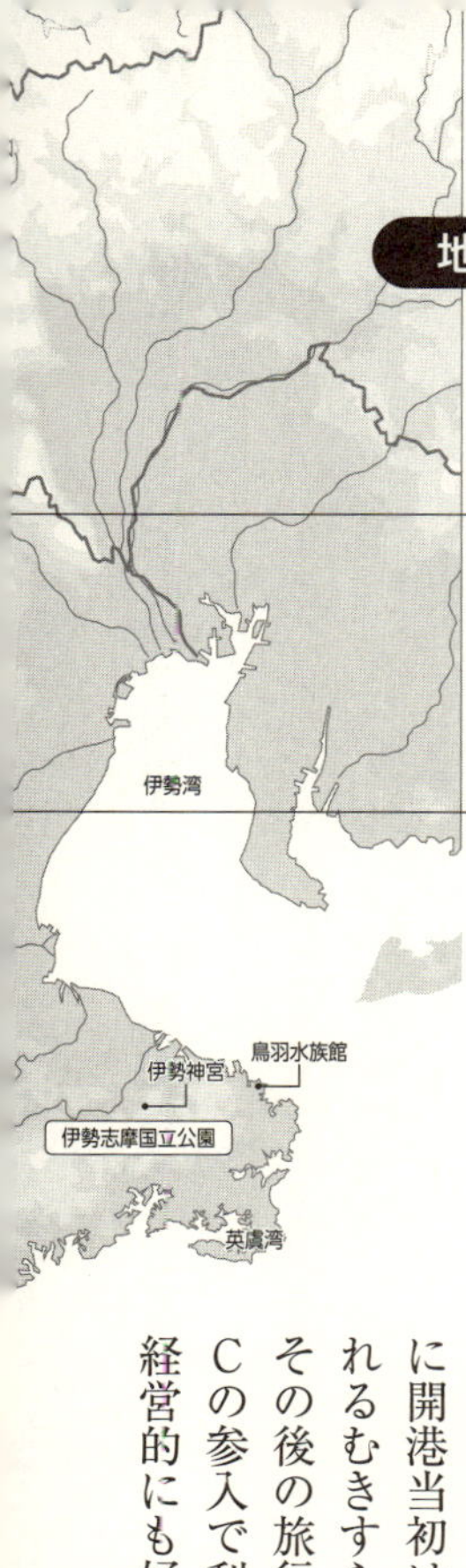

地図でわかる近畿地方の名所と観光

近畿地方の主な観光地を地図で紹介。

(世界遺産)
古都京都の文化財

比叡山延暦寺
仁和寺
二条城
平等院
金閣寺
銀閣寺
西本願寺 など

(世界遺産)
古都奈良の文化財

東大寺、薬師寺
元興寺
平城宮跡
興福寺
春日大社
唐招提寺
春日山原始林

ういった経緯があったのだが、やがて空港はそれ自体が観光スポットとして機能するようになり、飛行機の利用も身近になって、その存在価値は大きくなった。

一方、神戸市は阪神淡路大震災で大きな被害に遭い、その際に貿易港としての神戸港の地位は代替港に奪われてしまう。そんな神戸で一時は下火だった新空港建設の機運が再び高まったのも無理はないこと。ただ既に関西国際空港が運用されていたことから、その棲み分けが難しかった。そのために開港当初はお荷物扱いされるむきすらあった。だがその後の旅行ブームやＬＣＣの参入で利用者数も増加。経営的にも好転している。

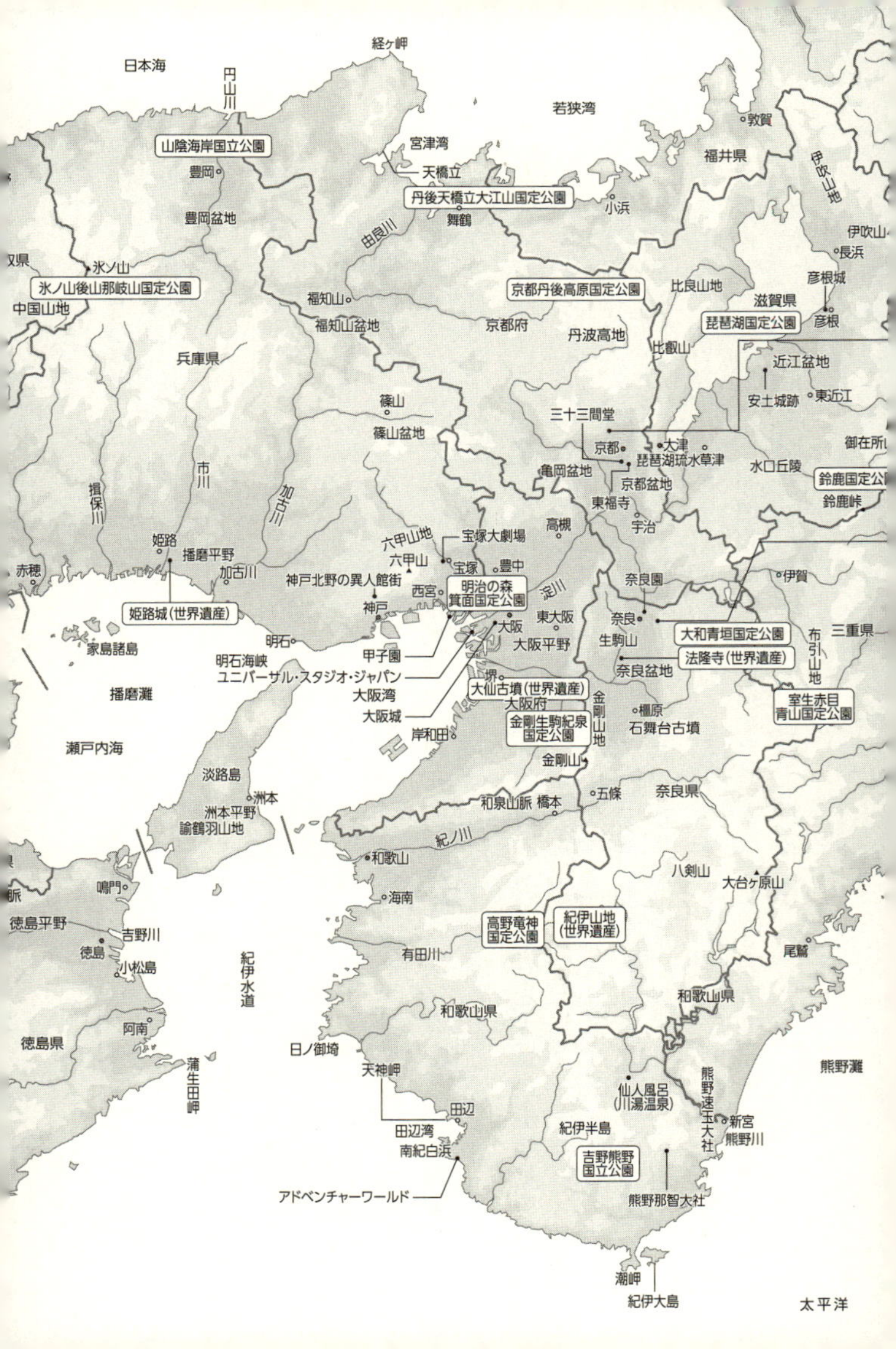

経ヶ岬
日本海
円山川
若狭湾
敦賀
宮津湾
山陰海岸国立公園
天橋立
福井県
伊吹山地
豊岡
丹後天橋立大江山国定公園
小浜
豊岡盆地
舞鶴
伊吹山
由良川
長浜
取県
氷ノ山
彦根城
氷ノ山後山那岐山国定公園
京都丹後高原国定公園
比良山地
福知山
滋賀県
中国山地
彦根
琵琶湖国定公園
福知山盆地
京都府
丹波高地
比叡山
兵庫県
近江盆地
篠山
安土城跡
東近江
三十三間堂
篠山盆地
御在所
京都
大津
琵琶湖琉水草津
水口丘陵
市川
亀岡盆地
鈴鹿国定公
京都盆地
揖保川
加古川
東福寺
鈴鹿峠
宇治
高槻
六甲山地
宝塚大劇場
姫路
播磨平野
六甲山
宝塚
豊中
赤穂
加古川
伊賀
神戸北野の異人館街
明治の森
箕面国定公園
淀川
奈良園
西宮
神戸
姫路城(世界遺産)
大阪
東大阪
三重県
奈良
大和青垣国定公園
明石
大阪平野
家島諸島
生駒山
布引山地
法隆寺(世界遺産)
明石海峡
甲子園
ユニバーサル・スタジオ・ジャパン
堺
奈良盆地
播磨灘
大仙古墳(世界遺産)
大阪湾
金剛山地
室生赤目青山国定公園
大阪府
大阪城
橿原
金剛生駒紀泉国定公園
石舞台古墳
瀬戸内海
岸和田
淡路島
金剛山
洲本
五條
奈良県
洲本平野
和泉山脈
橋本
諭鶴羽山地
紀ノ川
和歌山
八剣山
大台ヶ原山
鳴門
海南
徳島平野
吉野川
紀伊山地(世界遺産)
高野竜神国定公園
徳島
有田川
尾鷲
小松島
紀伊水道
和歌山県
和歌山県
阿南
徳島県
日ノ御埼
熊野灘
蒲生田岬
天神岬
熊野速玉大社
仙人風呂(川湯温泉)
新宮
田辺
熊野川
田辺湾
紀伊半島
南紀白浜
吉野熊野国立公園
アドベンチャーワールド
熊野那智大社
潮岬
紀伊大島
太平洋

新型コロナの影響からは逃れられていないが、アフターコロナに向けてなんとか体力を維持してほしいところだ。

歴史

邪馬台国がどこにあったかは未だはっきりしていないが、五世紀にはこの地に強大な政権があったことは**大仙古墳**《だいせんこふん》などの古墳群の存在で証明される。

六世紀後半には今の奈良県の飛鳥地方に都が置かれた。法隆寺や**石舞台古墳**《いしぶたいこふん》、飛鳥寺《あすかでら》などの史跡が当時の栄光をしのばせる。

645年の**乙巳の変**《いっし》の後、大化の改新の立役者とも言われる天智天皇は都を現在の滋賀県の大津へ遷都する。彼の後継者の座を競う壬申の乱の後、勝者となった天武天皇は飛鳥へ都を戻す。これが**飛鳥浄御原宮**《あすかきよみはらのみや》。彼の未亡人でもある持統《じとう》天皇は藤原京に遷都。こちらは現在の奈良県橿原市《かしはらし》。

そして710年、天智天皇の娘であり、持統天皇と母が異なる妹でもある元明《げんめい》天皇の下、奈良の都、**平城京**への遷都がなされる。おなじみのゆるキャラ**せんとくん**は、元々この平城遷都1300年記念事業の公式マスコットだ。

その後、京都市の南西、現在の長岡京市《ながおかきょうし》にあった長岡京を経て、７９４年に京の都、**平安京**が完成。以後明治まで千年以上も日本の都となる。

続く鎌倉時代には関東に北条氏を中心とする武家政権、鎌倉幕府が誕生したが、京は都であり続けた。

１３３３年に鎌倉幕府が崩壊すると、京の朝廷に政権が戻る。その後、武家の**足利尊氏**《あしかがたかうじ》が幕府を開いたけれど拠点は同じ京。以後は京の制圧を巡る争いが行われた。その中で最も激しかったのが１４６７年から11年続いた**応仁の乱**。

その応仁の乱の結果、戦国時代が到来する。幕府は継続するものの代々の将軍の力は弱まり、細川管領家による支配が続くようになる。その後、四国から三好《みよし》長慶《ちょうけい》が上洛。細川政権を打倒し三好政権を打ち立てる。この三好長慶が亡くなった後、将軍候補として**足利義昭**《あしかがよしあき》を擁立して京に上ったのが**織田信長**。その後、信長と義昭は対立。信長は１５７３年に義昭を京から追放。しかし１５８２年に本《ほん》能寺《のうじ》において、その義昭を信長に紹介したことを契機に信長配下に加えられた家臣**明智光秀**《あけちみつひで》の謀反に遭い、信長が志半ばで世を去った。

紆余曲折の末、信長政権の後継者となった**豊臣秀吉**は、京の南に**伏見城**《ふしみじょう》を築いて政庁とする。大坂城とあわせて、やはり秀吉も畿内を政治の中心地とした。諸大名は京都、大坂にそれぞれ屋敷を持つ。これにより荒れ果てていた京が復興。京や大阪の地名に大名の名前が残っているのはこのためである。

関ヶ原の合戦で家康が天下を握り、江戸に幕府ができると政治の中心は江戸に移る。**大坂冬の陣**、**夏の陣**で豊臣家が滅亡。以後、京は「天子様のおひざもと」、大阪は「天下の台所」として栄える。

京が再び政治の中心地となるのは幕末。江戸幕府最後の将軍、徳川慶喜に至っては、在任中一度も江戸城で政務を執っていないほど。

その慶喜による大政奉還後、**戊辰戦争**《ぼしんせんそう》を経て、新政府が下した結論は、京や大阪を都とするのではなく、東京と改称した江戸への遷都だった。京の朝廷方が勝利したにもかかわらず、政治の中心地は江戸に移されたのである。もっとも京や大阪の抵抗が大きかったので、正式な遷都は先送りにされた。

そして現在、二度目の大阪万博を控えるものの東京への一極集中は加速継続している。果たして今後近畿の復権はあるのか。あえて中心とならぬことで環境を確保する手もあるのだけれど。

第六章
中国地方

なぜ「中国」？

中国地方という名称も考えてみれば不思議だ。中国という言葉は普通に考えれば世界の真ん中か国の中心。しかし日本はもちろん本州の地理的な中心はどこだと問われたとき、大抵の人は、関東か中部か近畿のいずれかだと答えるのではなかろうか。本州の西端にあたる中国地方を挙げる人は、ほとんどいないだろう。

次に思いつくのは中国大陸に近いからという理由。けれど、中国を中国と呼称するようになったのは最近のこと。中華民国《ちゅうかみんこく》の成立は1911年だし、現在中国を名乗る中華人民共和国《ちゅうかじんみんきょうわこく》に至っては戦後の1949年の成立だ。そもそも直線距離においても海上の導線においても、北九州や八重山諸島《やえやましょとう》の方が、ずっと中国大陸に近い。このセンもどうやら違うようだ。

あまり引っ張ってもどうかと思うので、そろそろ正解を述べよう。平安時代、当時の日本の政府、つまり天皇を中心とした皇族や藤原氏などの貴族たちは、日本を大きく、「近国」「中国」「遠国」という3つの地域に分類していた。順番を入れ替えるとわかりやすい。近い国、遠い国、そして近くも遠くもない中くらいの距離にある国。この時代の「国」っていうのは美濃国《みののくに》とか武蔵国《むさしのくに》というように今の都道府県にあたる。とすると中国というのは、近くも遠くもない国々を表す言葉となる。

ここで肝心なのは、「近い」とか「遠い」ってのは、どこを基準にしているのか、ということだ。当然平安時代にできた言葉だから、基準は時の都があった京を中心とする畿内。もう大丈夫だろう。中国というのは都である京から近くはないけれど、九州のように遠くもない地域という意味からうまれた呼称なのだ。

各県

バラエティに富んだ中国地方

中国地方のちょうど南北の真ん中あたりには、背骨のように低くなだらかな中国山地が横たわる。この中国山地より北の日本海側を**山陰**《さんいん》、反対に南の瀬戸内海側を**山陽**《さんよう》と呼ぶ。

山陰にあるのが東から順に**鳥取県**《とっとりけん》と**島根県**《しまねけん》。人口の少なさなどから世間からネタにされることも多く、かつてはそれに拒絶反応を抱く地元の方々も少なくなかったが、昨今ではそれを逆手にとって、嫌な印象を与えない爽やかな自虐ネタを含んだお土産グッズの開発やイベントが実施されている。

鳥取県の県庁所在地は砂丘で有名な**鳥取市**。ところが、県内最大の都市はというと、県北西部にある**米子市**《よなごし》を挙げる人も少なくない。

ちなみに鳥取県全体の人口がおよそ55万人であるのに対し、鳥取市の人口はおよそ19万人、米子市の人口は15万人弱なので、普通に鳥取市がＮｏ．１で良いような気がするのだが、話を聞いてみると、鳥取市が官庁街の様相を呈しているのに対し、米子市は県内どころか山陰随一の商業都市らしい。

なるほどこれはあのよくあるパターンだなと。前橋市と高崎市、長野市と松本市、同一県内に比肩すべき強豪市が２つあるケース。もっとも鳥取市と米子市は仲が悪いわけでもなさそうなのでそこは少し安心。

その鳥取県の西隣にある島根県の県庁所在地は２０１５年に国宝に再指定されたばかりの**松江城**《まつえじょう》の城下町**松江市**。大社こと**出雲大社**《いずもたいしゃ》など由緒ある神社が多く、近年のパワースポットブームで人気を集める県でもある。ここには鳥取のような二大巨頭的な市は存在しないが、その遠い前身は**出雲国**《いずものくに》、**石見国**《いわみのくに》、**隠岐国**《おきのくに》と三国に分かれるので、当然微妙に言葉や文化は異なる。ちなみに隠岐国は後醍醐天皇《ごだいごてんのう》や宇喜多秀家《うきたひでいえ》が流されたことで有名な**隠岐島**《おきのしま》を中心とする地域のこと。

さて今度は山陽に目を向けよう。東の**岡山県**《おかやまけん》と西の**広島県**《ひろしまけん》、なんとも似通った県が並んだものだ。岡山県は県庁所在地も**岡山市**。桃太郎ゆかりの地だ。

広島県は鉄道マニアの間では山陽新幹線の駅が多いことでよく知られる。21世紀に入ってから優勝がなかった広島東洋カープが2016年に優勝して、広島の街が大いに活気づいたのも記憶に新しい。太平洋戦争において原爆投下の被害に遭った広島市は世界に知られる平和記念都市でもある。この他に昨今では映画『仁義なき戦い』などで有名になった広島弁もよく話題に取り上げられる。かっこええけぇのぉ。

そして山陰と山陽を束ねるクリップのように本州の西端に位置して、両者にまたがって存在するのが、幕末の長州藩で有名な**山口県**《やまぐちけん》。数多くの首相を輩出した県でもある。

中国地方は位置的にはともかく、政治文化的にはあまりまとまりがない地方だが、バラエティに富んでいてなかなか面白い地方なのだ。

中国山地と瀬戸内海が作り出す気候

日本海側の山陰は冬の降水量が多い日本海岸式気候、山間部は内陸式、瀬戸内海側の山陽は瀬戸内式気候、と3つの気候に区分できる。日本海に雪はつきものだが、山陰の場合は東北や北陸と違って、南に位置するため極端な降雪はない……はずだったのだが、近年の異常気象の影響なのか、昨今はそうとも言い切れなくなってきている。

2010年の年末から翌年にかけて発生したいわゆる山陰豪雪はその典型。山陰は地形上自然災害が起こりにくく、また起こっても被害が大きくなりにくい恵まれた地域。ただし災害に慣れないのが災いし、稀に発生するとインフラの不備も伴って対策に手間取ることも。もっとも山陰豪雪の折には人々は善意と好意のネットワークで被害を最小限に食い止めた。助け合いは原始的といえば原始的な手段だが、非常時にはもっとも有効な手段であることがわかる。

中国山地の南の山陽地方は北四国と同じ瀬戸内式気候。冬の季節風は中国山地が、夏の季節風は四国山地が、それぞれを遮るために、瀬戸内海沿岸には海水を含んだ風がダイレクトに吹いてこない。したがって夏も冬も雨があまり降らず、一年を通して降水量が少ない地域となる。

温暖で雨が少ないということは暮らしやすいということに他ならない。ただし物事には限度というものがある。年間を通じて雨が少なければ、渇水状態が起きるのもまた必然。山陽地方は頻繁に渇水に見舞われ、取水制限が課せられることも少なくない。もっとも大きな川があるので、北四国ほど深刻な水不足になることは少ないが、地震や台風と同様、渇水についても、平時から十分に対策を練っておくことが望まれる。

地形

なだらかな山地と瀬戸内海の島々

なだらかな中国山地が東西に横たわる。その最高峰は**伯耆富士**《ほうきふじ》や**出雲富士**の異名をとる**大山**《だいせん》。最高峰とはいえ標高は1，729メートルで二千メートルに及ばない。なるほどこれは確かになだらか。

日本海側にはあの有名な**鳥取砂丘**《とっとりさきゅう》が広がる。広さにおいて日本一ではないといえ、アクティビティの充実度は砂丘中でのナンバーワン。運がよければ幻想的な**風紋**《ふうもん》を見ることができるかもしれない。

ちなみに日本で一番広い砂丘はどこにあるかと言えば、なんと青森県にある。その名も猿ヶ森砂丘《さるがもりさきゅう》。広さはなんと鳥取砂丘の3倍。にもかかわらずなぜ無名なのかと問うと、実はここは観光が事実上不可能なのだ。防衛省の外局である防衛装備庁が管轄し、火器・弾薬の試験場として使われている。そのために一般人はもちろん立入禁止。かなり残念なことではあるが、街中で火器・弾薬の実験をしてもらうわけにもいかぬので、これも致し方ない。

ついでに砂丘と砂漠の違いを説明しておこう。砂丘は風が運ぶ砂が堆積してできた丘。鳥取砂丘は海岸砂丘だが、内陸でも砂丘ができることはある。

一方の砂漠は、降水量が少なく乾燥し、植物がほとんど育たぬことからできる地域。日本では砂漠というと文字通り砂によるものだけを想像しがちだが、中東などでは岩が多い岩砂漠《いわさばく》も結構見かける。

ちなみに日本にも実は砂漠が2つだけある。その名も裏砂漠《うらさばく》と奥山砂漠《おくやまさばく》。どちらも同じ島にある。東京都に属する伊豆大島、その伊豆大島にある有名な火山、三原山《みはらやま》が噴火してできたのが裏砂漠なのだ。そして、その近くにあるのが奥山砂漠。まあ双方は隣接しているので裏砂漠ひとつとしてカウントしているケースも少なくない。こちらも見応えは十分なのだが、火山の噴火によってできたことからもわかるように砂砂漠ではなくて岩砂漠。そんなわけで、砂漠があろうと日本一でなかろうと、鳥取砂丘の美しさと、楽しさは揺るがないのだ。

日本海側の海岸線は比較的単調。半島は島根半島があるものの、その島根半島の形状も平べったく大きく突き出してはいない。この島根半島には日本海につながっている**中海**《なかうみ》とシジミの養殖で有名な**宍道湖**《しんじこ》という2つの湖がある。中海と宍道湖もまた繋がっている。

平野は鳥取平野や出雲平野といった平野があるものの、いずれもさほど広くはない。日本海側へ注ぐ川としては、中国地方最大の中国太郎こと**江の川**《ごうのかわ》がある。

次は島に着目。後醍醐天皇も流された**隠岐諸島**《おきしょとう》、韓国が戦後の1952年に突然領有権を主張した**竹島**《たけしま》などが日本海上に浮かぶ。

瀬戸内海側の山陽地方には岡山平野や広島平野が広がる。瀬戸内海には近畿で紹介した淡路島など大小さまざまな三千ほどの島が浮かぶ。川としては岡山三大

中国地方の地形

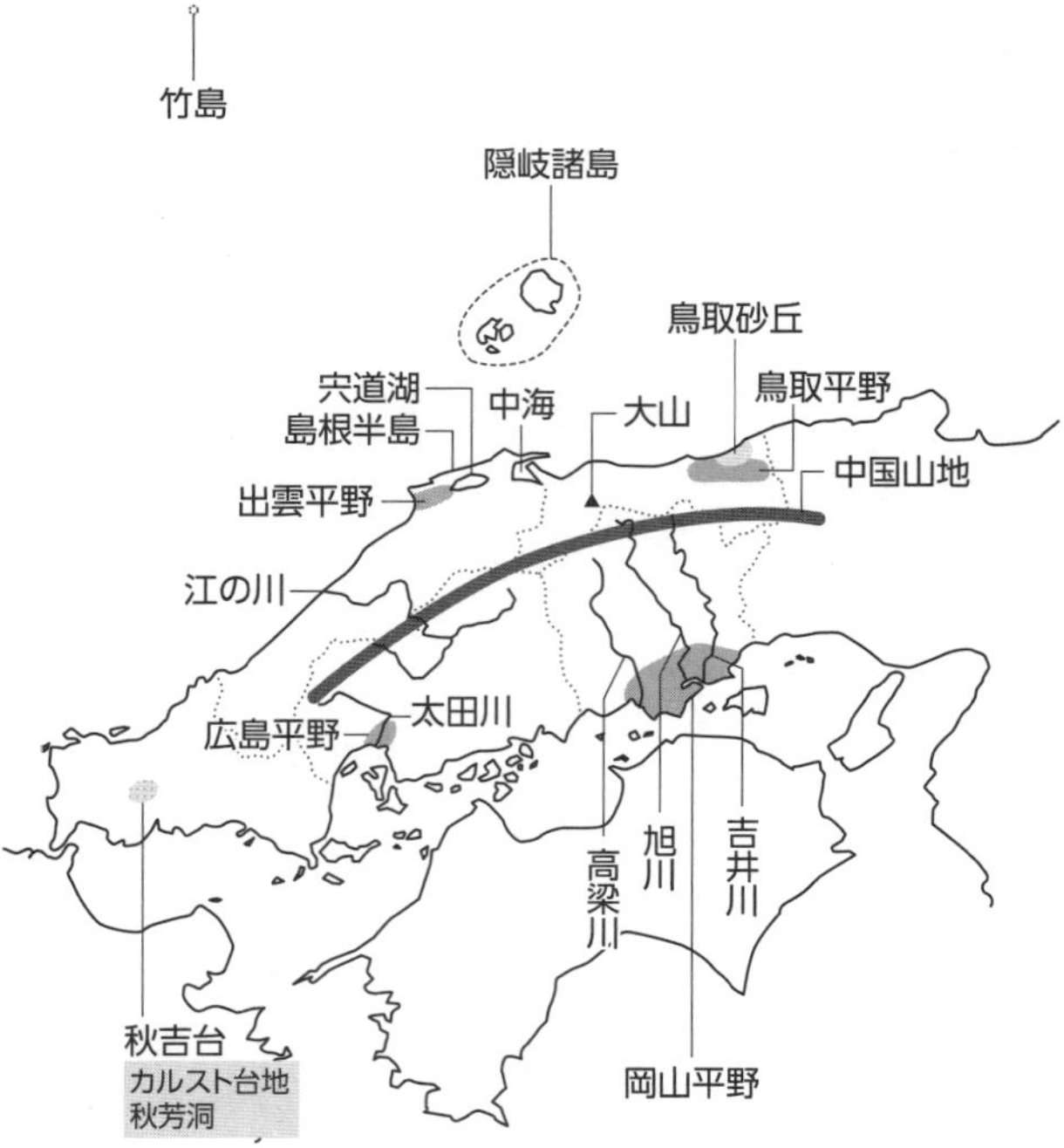
竹島
隠岐諸島
鳥取砂丘
宍道湖
島根半島
中海
大山
鳥取平野
中国山地
出雲平野
江の川
太田川
広島平野
高梁川
旭川
吉井川
秋吉台
カルスト台地
秋芳洞
岡山平野

河川の高梁川《たかはしがわ》、旭川、吉井川《よしいがわ》や、広島のデルタ地帯を形成する**太田川**《おおたがわ》が有名だ。
山口県では石灰岩地形の**カルスト台地**である**秋吉台**《あきよしだい》が、日本最大のカルスト地形として名高い。地下には鍾乳洞である**秋芳洞**《あきよしどう》もあって観光客で賑わっている。

農林業

マスカット・オブ・アレキサンドリア、レモン

鳥取県の日本ナシは定番の名産品。かつてはナシといえば鳥取というくらい、鳥取のナシはメジャーな存在で、日本一の生産を誇っていたものだ。近年、ナシの需要は**二十世紀ナシ**に代表される青ナシから、幸水や豊水などの赤ナシ系に移行している。鳥取県のナシ農家もこれに対応し、現在は二十世紀ナシ以外に赤ナシ系のナシも栽培している。

現在の農業は消費者の動向の変化を無視しては成立しない。もはや農業イコール田舎のおじいちゃんおばあちゃんなんて時代ではないのだ。マーケティング、リサーチ、ブランディング、直売サイト、ＩＴ化の流れは、農業にも確実に及ん

でいる。

晴天の日が多い山陽・瀬戸内の岡山県では、ブドウやモモの栽培がさかんだ。生産高自体はかつてと比べると減少し、他県の後塵を拝してはいるが、これも鳥取のナシと同じように、かつて「ブドウと言えば岡山」という時代が長くあったため、岡山のブドウはいまでも根強い人気を保っている。ブドウの女王ことマスカット・オブ・アレキサンドリアの生産は、国内では岡山産が9割。他にも黒い真珠ことピオーネや、2003年デビューのシャインマスカットなど、様々な高級銘柄ブドウが生産されている。

瀬戸内海に浮かぶ生口島。広島県尾道市に属するこの島はさほど大きくない島なのだが、実は日本一のレモンの産地。同島は他にもネーブルオレンジなどで全国屈指の生産量を誇る。

マツタケの生産で全国有数

林業についても触れておこう。岡山県の美作《みまさか》で育った木材は美作材と呼ばれ、優良材として知られている。

岡山県は秋の風物詩マツタケの生産量も全国有数。マツタケに限らずキノコを栽培する折は木に植え付けるので、キノコの栽培は農業ではなく、林業に分類される。林業とは木を育て切り出すだけではないのだ。

水産業

全国に13しかない特定第三種漁港が3つもある!

利用者の範囲が全国に及ぶ漁港が第三種漁港。そのうち水産業の振興発展に特に重要だ、と国が判断し指定した漁港が特定第三種漁港だ。全国で13港しかない特定第三種漁港に、中国地方からは**境港**《さかいこう》、**浜田港**《はまだこう》、**下関港**《しものせきこう》の3港が指定を受けている。いずれも日本海側の港だ。

鳥取県の境港は、『ゲゲゲの鬼太郎』の作者としておなじみの妖怪漫画家、水木しげる氏が育った街としても有名な境港市《さかいみなとし》にある。平成4年から5年連続で日本一の水揚げを記録した日本有数の港。近年はカニの水揚げ日本一の常連港でもある。浜田港があるのは島根県浜田市。カレイ、ノドグロ、アンコウ、アジ、サバなどが水揚げされている。

山口県の下関港は言わずと知れた**フグの集積地**。戦後一時期水揚げ高日本一になったこともある伝統ある漁港。建築マニアの間では、地元では彦島水門《ひこしますいもん》と呼ばれている世界最小のパナマ運河式水門の下関漁港閘門《こうもん》があることでも有名だ。

広島湾のカキ、宍道湖のシジミも日本一

山陽地方、瀬戸内海沿岸は養殖漁業がさかん。特に有名なのは**広島湾のカキ**。生産量日本一は、ほぼ指定席。お隣の岡山県もカキ養殖上位の常連県。

山陰にも養殖で有名な場所がある。それは島根県にある宍道湖。宍道湖のおかげで島根県は**シジミ**の生産量1位の常連となっている。

工業

軍用地と塩田が生んだ瀬戸内工業地域

中国地方の工業といえば**瀬戸内工業地域**《せとうちこうぎょうちいき》がまず思い出される。海運の便が良いことに加え、戦時中の**軍用地**《ぐんようち》や**塩田**《えんでん》の跡地の転用、埋め立てがしやすいなどの理

中国地方の農林漁業・工業と伝統工業

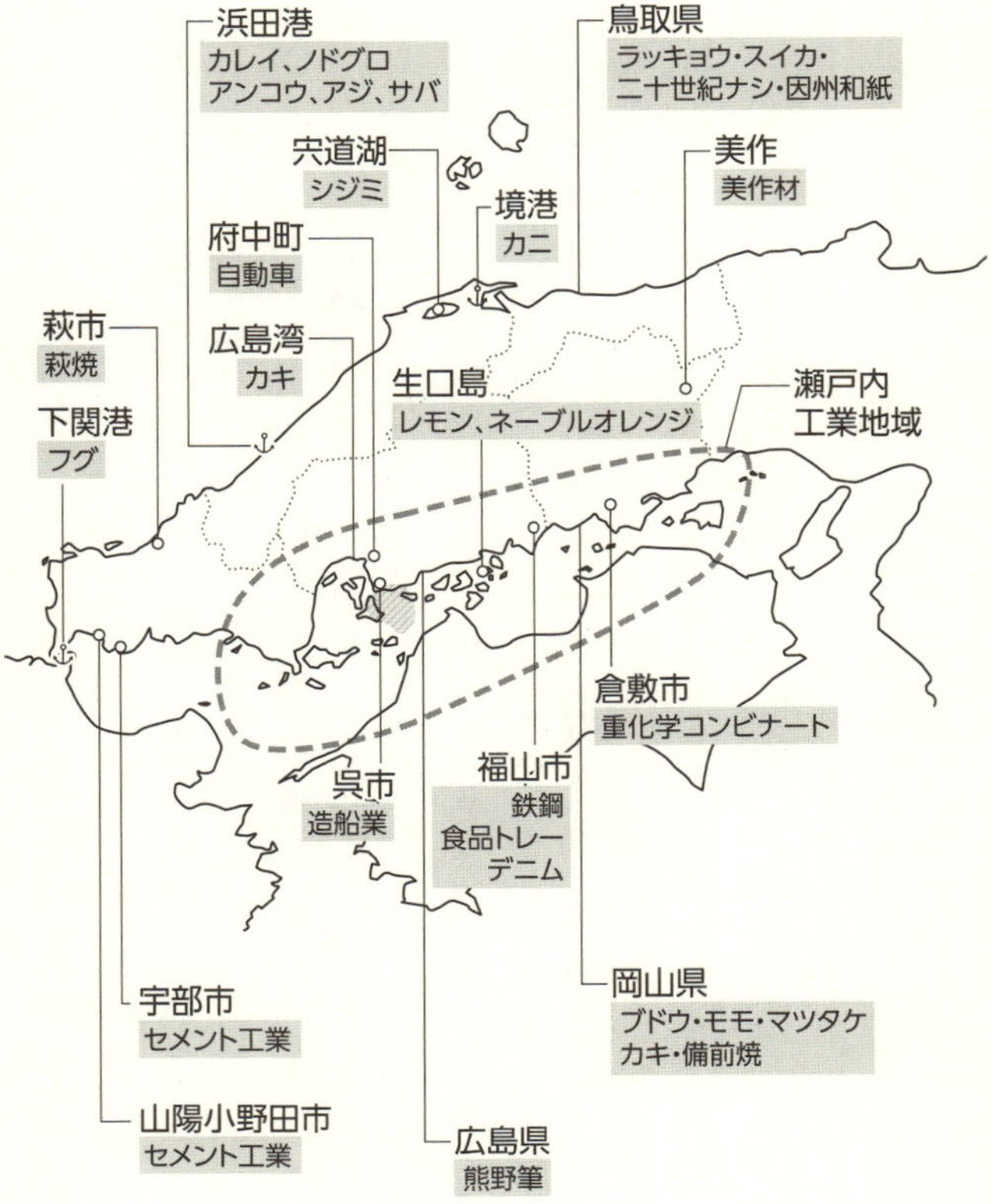
浜田港
カレイ、ノドグロ
アンコウ、アジ、サバ
鳥取県
ラッキョウ・スイカ・
二十世紀ナシ・因州和紙
宍道湖
シジミ
美作
美作材
境港
カニ
府中町
自動車
萩市
萩焼
広島湾
カキ
生口島
レモン、ネーブルオレンジ
瀬戸内
工業地域
下関港
フグ
倉敷市
重化学コンビナート
福山市
鉄鋼
食品トレー
デニム
呉市
造船業
岡山県
ブドウ・モモ・マツタケ
カキ・備前焼
宇部市
セメント工業
山陽小野田市
セメント工業
広島県
熊野筆

由から、工業用地の確保が容易だったのが発展の大きな要因。機械、金属、化学、食料品と満遍なく生産しているが、全国の他の工業地帯や工業地域と比較して、**化学工業**の比率がやや高いのが特徴。その比率は京葉《けいよう》工業地域に次ぐ。

岡山県の**倉敷市**《くらしきし》にある水島《みずしま》コンビナートは日本を代表する重化学コンビナート。近年では夜景スポットとしても人気。

軍港の街だった広島県**呉市**《くれし》では**造船業**が有名。あの戦艦大和も呉で製造された。かつてダントツの世界一を誇った日本の造船業だったが、現在は中国や韓国の後塵を拝している。しかし日本は海に囲まれた島国、これは造船業にとって大きなアドバンテージとなる。現在の情勢では高望みは禁物だが、2つの隣国に抜かれたとはいえ、まだまだ日本の造船業はシェアも技術も世界の一級レベル。いつか巻き返しを期待したい。**国内最大級の製油所**もある。

同じ広島県の瀬戸内海沿岸、広島県の東端にある**福山市**《ふくやまし》も工業都市。鉄鋼のようなオーソドックスな産業の他に、食品トレーやデニム生地など、意外な日本一を誇る。

広島東洋カープとマツダ

広島県の工業といえば忘れちゃならないのが**府中町**《ふちゅうちょう》。同町はデザインの美しさとロータリーエンジン搭載車などで知られた自動車メーカー**マツダ**の企業城下町。そのマツダの旧社名は東洋工業。ＮＰＢの人気球団、広島東洋カープのオーナー一族である松田家が実質的な創業者だ。

山口県の秋吉台は石灰岩地形だった。この石灰岩を加工して作られるのが**セメント**。セメント工業がさかんなのが、山口県**宇部市**《うべし》や**山陽小野田市**《さんようおのだし》小野田地区。山陽小野田市には「セメント町」という地名もある。

交通

地域を縦断する道路と鉄道網

陸路からみていこう。東西を結ぶ高規格幹線道路としては、**山陽自動車道**と**中**《ちゅう》**国縦貫**《ごくじゅうかん》**自動車道**の２本の道路が並行して東西に走っている。日本の大動脈たる東京～名古屋間でさえ、２０１２年の新東名高速道路（三ヶ日－御殿場間）の開通までは、東名高速道路と山岳道路の中央自動車道で流通をさばいていたことを考慮すると、破格の待遇にも思える。となると我田引水ならぬ我田引道かと勘ぐりたくなるのだが、さにあらず。そもそもは山陰からも山陽からも利用できるようにと、南北の真ん中に中国縦貫道を先に造ってしまったのだ。

当初の計画では中国自動車道が、中国地方を東西に貫く唯一の高規格幹線道路と予定されていた。ところがこれが「帯に短し襷に長し」を地で行くようなことになってしまう。山陰からも山陽からも遠いために、利用者にとって、インターチェンジまでのアクセスを加味すると、一般道での移動に比べメリットが薄くなってしまったのだ。

これでは使い物にならぬとばかりに、新たにこの地方の大動脈である国道2号線に沿った形で、山陽自動車道が計画され造られた。本線の全線開通は1997年と比較的新しい。そのせいかカーブも少なくかなり走りやすい道路になっている。

もっとも直線を増やすため高架部分が多くなっていて、それもかなりの高さであるがゆえに、あまりにも見晴らしが良すぎて、高いところが苦手なドライバーは別の意味でヒヤヒヤしながら運転することになるかも知れない。むろん素晴らしい道路であることには違いないのだが。

東西を貫く道路が2本と贅沢なわりに、南北のアクセスにはやや恵まれていなかったのが中国地方。なだらかとは言え、南北の中心には中国山地が横たわっていることがその主な理由。さらに山陰の日本海沿いについても整備が完了していなかった。が、近年でこのあたりの不自由は一気に解消された感がある。姫路から鳥取を結ぶ**中国横断《ちゅうごくおうだん》自動車道姫路鳥取線**は順調に工事が進んでおり、兵庫県内に若干未開通区間があるものの、現段階でも十分に実用性が高い道路となっている。岡山県からは**岡山自動車道**と**米子自動車道**を使うことで、やはり瀬戸内海側から日本海側まで一般道を使わずに行くことが可能。広島県の東からは**尾道《おのみち》自動車道**と**松江自動車道**を使って、やはり宍道湖に辿り着ける。広島市近くからだと**広島自動車道**から**浜田自動車道**を経由して島根県の浜田市までアクセス可能。

次に山陰の日本海沿いの高規格幹線道路をみてみると、**山陰自動車道**が存在するのだが、こちらは現在のところ途切れ途切れの状態で全線開通には至っていない。しかしながら、交通量の多い箇所においては概ね開通しているので、極端に不自由するレベルではない。

ただ島根県の出雲大社で有名な出雲市以西はまだまだ整備が進んでいない状況だ。世界遺産登録されたことで有名になった石見銀山《いわみぎんざん》のあるあたりは一般道を使わないとアクセスできない。更に西の浜田市近辺は部分開通しているものの、そこから先はまた未開通。山口県に入っても幕末ファンに馴染みのある萩市《はぎし》あたりを除けば殆ど未整備。人口減少と東京一極集中が進む中で、果たしてどこまで価値が認められるか、やってもらえるかは正直微妙なところではあるが、やはり国土の外周となる道路は整備しておきたいところ。今後を見守りたい。

さてこれまで話してきたのは道路事情だが、実は鉄道においても、ほぼ似通った状況となっている。すなわち山陽の瀬戸内海沿岸は整備されているが、日本海側の山陰と、山陽から山陰を結ぶ導線は整備が足りていないという状況。瀬戸内海沿岸、山陽地方を東西に走るのが**山陽新幹線**。東海道新幹線と直通して日本の大動脈の一部となっている。

一方の山陰だが、実は山陰新幹線の計画自体は、既に1973年に発表されている。新大阪駅を起点に、鳥取県の県庁所在地鳥取市と島根県の県庁所在地松江市を経由して、フグで有名な山口県の下関市まで結ぶという、壮大かつ実用性も十分にありそうな計画だった。

しかし時期が悪かった。1973年でピンとくる人も多いはず。この年は第一次石油危機が起こった年なのだ。そしてこれを契機に高度経済成長はストップする。その後日本は何度か景気の回復を経験したものの、山陰新幹線の開通が実現に向かうことはなかった。これもやはり現在の日本の状況を鑑みるとかなり難しいと察せられるが、本州の外周を新幹線で結ぶことの価値は高い。やはり一庶民としては見守るしかできないのが歯がゆいところだ。

本州から瀬戸内海を越えて四国に至る導線が3本存在する。その総称が**本州四国連絡橋**。このうち山陽地方には、岡山県の児島《こじま》から香川県の坂出《さかいで》を結ぶ**児島ー坂出ルート**、広島県の尾道から瀬戸内海上の島々を経由して愛媛県の今治《いまばり》に到達する**尾道ー今治ルート**の2本が存在している。詳細については四国地方の交通の箇所で述べるので、そちらを参照されたい。

ユニークなニックネームを持つ空港

続いて空の玄関口たる空港を見てみよう。山陽地方と比較してアクセスに恵まれない山陰地方には、**鳥取空港**、**米子空港**、**出雲空港**、**石見空港**と4つの空港がある。一方の山陽地方には**広島空港**、**岡山空港**、**岩国《いわくに》空港**、**山口宇部空港**とこれも4つ。数は同じだが人口比を考えると山陰の空港の充実ぶりがわかる。

鳥取空港の愛称は鳥取砂丘コナン空港。この愛称は鳥取砂丘と県出身の人気マンガ家青山剛昌氏の大人気作品『名探偵コナン』に由来する。米子空港は航空自

凡例
新幹線
JR線
私鉄線
高速道路
自動車専用道
その他の道路
隠岐の島
隠岐空港
鳥取豊岡宮津自動車道
米子空港
山陰本線
鳥取空港
空港
境線
豊岡
松江
鳥取
米子
倉吉
若桜鉄道
出雲
山陰自動車道
鳥取県
木次線
伯備線
因美線
米子自動車道
動車道
兵庫県
中国(縦貫)自動車道
津山
芸備線
姫新線
津山線
新見
智頭急行
岡山県
岡山自動車道
三次
岡山空港
姫路
尾道自動車道
赤穂
加
山陽新幹線
岡山
赤穂線
広島県
井原鉄道
桃太郎線(吉備線)
福塩線
倉敷
広島空港
宇野みなと線(宇野線)
東広島
福山
瀬戸中央自動車道
三原
瀬戸大橋線(本四備讃線)
尾道
山陽自動車道
高松
坂出
丸亀
香川県
鳴門
瀬戸内しまなみ海道
(西瀬戸自動車道)
呉線
今治
徳島
四国中央
小松島
新居浜
三好
西条
徳島県
阿南
松山
愛媛県
高知県

衛隊の滑走路を利用させてもらう形で成立している。鳥取県西部の境港市と米子市に跨る立地。こちらの愛称は、米子鬼太郎空港。

鳥取市と米子市の県内での覇権争い（笑）については本文で触れたが、愛称の方も『名探偵コナン』に対して、こちらは言わずと知れた境港市ゆかりのレジェンドマンガ家水木しげる氏の国民的作品『ゲゲゲの鬼太郎』からの命名。空港自体についてはともかく鳥取県が日本のマンガに大きく寄与している県だということはよくわかる。

中国地方の交通

地図でわかる中国地方の名所と観光

中国地方の主な観光地を地図で紹介。

出雲大社で有名な島根県出雲市にある出雲空港の愛称は出雲縁結び空港。由来については説明の必要はないだろう。松江市からもバスで30分とアクセスは悪くない。島根県西部の**益田市**《ますだし》にあるのが石見空港。愛称は萩・石見空港。元々人口の少ない地域にある空港のため維持するのはなかなか大変。萩はお隣の山口県にある幕末ゆかりの街。他県の地名を先にした愛称をつけているあたりがなんとも好感が持てる。島根県にはこの他にも、隠岐諸島の隠岐に隠岐世界ジオパーク空港の愛称を持つ隠岐空港がある。

広島空港は広島県**三原市**《みはらし》にあるのだが、いささか地元の人からの評判は芳しくない。かつての広

島空港は広島市内にあってアクセスがよかったのだが、騒音や離着陸の難しさから移転が望まれ、現在の広島空港が建設された。

こちらは三原市とは言っても、海沿いではなく山間部にある。公共交通機関はバスのみ。アクセスはよいとは言えない。それに加えて広島県は静岡県と並んで新幹線駅に恵まれた県。西から福山駅、新尾道駅、三原駅、東広島駅、広島駅と5つもある。ただでさえ飛行機を利用する場合、搭乗手続きのために1時間から2時間ほど余計に要するわけで、だったら新幹線でいいやとなってしまうわけだ。もっともこれは広島空港だけの問題でもないのだが。

岡山市内にある岡山空港の愛称は岡山桃太郎空港、名前の由来は語るまでもないだろう。岩国空港の愛称は最寄りの人気観光スポットである錦帯橋から岩国錦帯橋空港。岩国と言えば岩国基地が有名だが、実はこの空港、その米軍海兵隊と日本の海上自衛隊が利用する岩国基地の施設を共用する形で運用されている。山口宇部空港はセメントで有名な山口県宇部市にある空港。本州ではもっとも西にある空港。いずれ負けず劣らずユニークな愛称の空港たちだが、これも営業努力の結果ともいえる。まるで縁もゆかりもないような愛称ならともかく、しっかりした由来があるのなら、こういったネーミングも悪いものではない。

歴史

天照大神に国をゆずった大国主命

現在では日本の中心地とは言えない山陰。だがかつてこの地が日本の中心だった時代があった。山陰は神話における日本の始まりの地のひとつ。大黒様《だいこくさま》こと**大国主命**《おおくにぬしのみこと》は、**伊弉諾**《いざなぎ》、**伊弉冉**《いざなみ》の子で天照大神の弟である**素戔嗚尊**《すさのお》の息子。彼が治めたのが**豊葦原中津国**《とよあしはらのなかつくに》。だがその地を天照大神が譲れとのたまう。紆余曲折の後、国を明け渡した大国主命が祀られたのが、近年のパワースポットブームで日本中の注目を浴びる大社こと出雲大社だ。

面白いことに山陽の岡山にもこの国譲りに似た神話がある。岡山県総社市《そうじゃし》にある山城、**鬼ノ城**《きのじょう》を本拠地にしていた**温羅**《うら》という鬼。これを退治するために朝廷は**吉備津彦命**《きびつひこのみこと》を派遣、彼によって温羅は討たれた。この話は桃太郎のモチーフであるとも言われている。温羅は朝敵だったために鬼とされているが、当然鬼なる生き物がこの世にいたわけではなく、勝者の側からの一種の蔑称なのだろう。敵ではあったが、その強さへの敬意を込めての呼称だったかもしれない。

むろんこれらの話は現在の段階では史実というには微妙で、神話や伝説の域の話ではある。しかし人間の想像力には限りがある。殆どのフィクションには必ず何らかのモチーフがある。出雲や岡山で国譲り神話や温羅の逸話がうまれ伝承されているということは、その元になったようななんらかの出来事が存在した可能性が極めて高いと推測される。神話や伝説、さらには講談を、単純にフィクションとして片付けていたら、みえてくるものは極めて限られてしまうだろう。

後醍醐天皇が幽閉された隠岐の島

時が下って平安時代。貴族のイメージが強い平安時代だが、中期には武士が萌芽する。瀬戸内海の海賊の頭目となり朝廷に反旗を翻したのが**藤原純友**《ふじわらのすみとも》。海賊討伐のために朝廷によって瀬戸内に派遣された純友は、逆に海賊たちに擁立され瀬戸内海で暴れまわる。同時期に関東で反乱を起こした平将門と共に、最後は鎮圧されたが、純友は武士の力を大いに知らしめ、京の朝廷を震え上がらせた。

鎌倉幕府を滅亡に導いた**後醍醐天皇**が流されていたのが、島根県沖の隠岐の島。むろん当の後醍醐帝は退位したつもりなど毛頭なかったわけで、とするとその時点では御所が隠岐にあったという見方もできる。

室町時代に瀬戸内海で海賊と恐れられたのが**村上水軍**《むらかみすいぐん》。同じ頃、陸でも中国地方を根拠地とする有力大名が続々と登場。その中でも**大内義興**《おおうちよしおき》は１５０８年に、京を追われていた前将軍を擁立して上洛、その後ろ盾となるなど、室町幕府の政権争いにおいて大きな役割を果たした。大内氏の領国山口は、「西の京」と呼ばれ文化的経済的に大いに栄えた。

大内氏に代わって中国地方を統一した大大名が**毛利元就**《もうりもとなり》。しかし元就の死後、一族は関ヶ原で形式的に西軍に属したため、所領を大幅に削られてしまう。

関ヶ原の無念を果たした明治維新

その無念を晴らしたのが幕末。二度にわたる幕府軍の長州征伐をどうにか退け、天敵だった薩摩と手を結び倒幕に成功。その後の明治政府内でも一大派閥を築いている。

新政府が進めた富国強兵政策の下、海運に便利なこの地は軍事上の重要拠点となった。戦争指揮のための臨時機関である**大本営**《だいほんえい》が広島に設置され、一時的ではあるが明治天皇も大本営に移り、そこで帝国議会が開かれた。

特に東日本出身者や在住者には馴染みが薄いことが予想される中国地方だが、こうしてみると要所要所で日本の歴史を動かしていたことがわかる。そういえば通算組閣回数と首相在任日数において歴代最高の安倍晋三元首相の選挙区も山口県（もっとも本人は東京生まれの東京育ちだったりするが）。幕末の志士らの活躍は、後の世の大勢の総理大臣の輩出に繋がっているのだ。

第七章
四国地方

4つの国があるから四国

北は瀬戸内海、西は宇和海《うわかい》、南は黒潮流れる太平洋、東は紀伊水道に囲まれた島が四国。その形状がオーストラリア大陸に似ているとよく言われるが、四国のほうがやや横に細長い。

四国の名が示すとおり、かつては**讃岐**《さぬき》、**阿波**《あわ》、**伊予**《いよ》、**土佐**《とさ》と4つの国が存在した。それぞれは現在の香川《かがわ》、徳島《とくしま》、愛媛《えひめ》、高知《こうち》の各県の前身。

あえて東西南北ではなく上下左右で表現すると、右上にある小さな県が讃岐うどんと満濃池《まんのういけ》で有名な**香川県**。県庁所在地は**高松市**《たかまつし》。その右下にあるのが阿波おどりや鳴門《なると》の渦潮《うずしお》で名高い**徳島県**で県庁所在地も**徳島市**。中央上から左斜めに存在感を示すのが『坊っちゃん』や『坂の上の雲』の舞台として知られる**松山市**《まつやまし》を県庁所在地とする**愛媛県**。そして下にアーチを描くように横たわるのが坂本龍馬《さかもとりょうま》で人気を集める**高知県**で県庁所在地も**高知市**だ。

本州とは海に隔てられた4県だけに何かと繋がりが深いのかと思いきや、各県それぞれ四国以外の都道府県との行き来が頻繁にあったりする。香川県は、本州四国連絡橋のひとつ**瀬戸大橋**《せとおおはし》が坂出から岡山県倉敷市の児島を結んでいるため、方言も関西系で岡山県を経由した関西方面との交流が活発。

その南東の徳島県も、やはり本州との海上の陸路である**大鳴門橋**《おおなるときょう》と**明石海峡大橋**《あかしかいきょうおおはし》を使って、香川県を通過せず淡路島経由で兵庫に出られるため、専ら関西方面との交流、人材の流出がある。

愛媛県の今治《いまばり》や松山《まつやま》は、しまなみ海道で瀬戸内海の島々を経由して広島県の尾道市へ陸路で行くことができる他、八幡浜《やはたはま》から大分へフェリーが出ているので九州方面へのアクセスもよい。また空の玄関口松山空港からも各地へ国内線が飛んでいる。

残る高知県は、かつては日本の各地とフェリーで結ばれていたが、昨今の燃料費の高騰などでいくつかの路線が廃止に追い込まれ、やや苦しい状況にある。しかしこちらも空路の方は充実しており、例えば高知龍馬空港からの東京便はほぼ1時間おきにある。そのため進学や就職において四国の他県や大阪など関西方面ではなく一気に東京へ出ていく人も多い。交通上の路線の存在が地理的距離以上に重視されているのは現代では自然なことなのだろう。

水不足に悩む讃岐平野、夏の暑さが半端ない高知

四国には日本海側が存在しない。日本の中では南に位置することから一年を通して比較的温暖で過ごしやすい。しかし瀬戸内海沿岸は気候の上でひとつ大きな問題を抱えている。それは降水量の不足。

瀬戸内海沿岸はその北と南を中国山地と四国山地に囲まれている。この両山地が瀬戸内海沿岸にとって、それぞれ冬と夏の季節風を遮る防風壁のような役割を果たす。海の上を通って海水をたっぷり含んだ風も、山を越える段階で水分を失うので、山越えの風は乾いたものとなる。冬も夏も乾いた空気しか運ばれないので瀬戸内地域は年中を通して雨が少ない。

特にこの問題が深刻なのが**讃岐平野**《さぬきへいや》だ。瀬戸内海岸にあって大河を持たない。そこで既に古代から讃岐では、水の確保のために、**弘法大師空海**《くうかい》も修築に参加したと言われる**満濃池**などの多くのため池が作られた。

しかしため池に頼るにも限界がある。そこで高知県の**早明浦**《さめうら》**ダム**を水源として、

吉野川《よしのがわ》中流の徳島県池田から地下トンネルで水を調達する**香川用水**《かがわようすい》が造られた。現在この香川用水から運ばれる水が香川県の農業用水、工業用水、そして生活用水として使われている。「琵琶湖の水とめたろか」という有名な地理ジョークがあるが、「香川用水とめたろか」はあまり聞かない。そんなジョークが、これっぽっちも洒落にならぬほど、香川県の香川用水に対する依存度は高い。

一方で高知県のある太平洋側は典型的な太平洋岸式気候に属するため、夏の季節風が多すぎるくらいの雨をもたらす。さらに夏の暑さも半端ではなく、南西部の四万十《しまんと》市は2013年8月に当時の日本国内観測史上最高気温である41・0度をマークして話題にもなった。

地形

全県が海に面しながら山国でもある

周囲を海に囲まれた四国、海洋大国のような印象を受けるけれど、同時に山深いところでもある。それは四国の南北におけるほぼ中心を、高く険しい**四国山地**

が東西に貫いているためだ。

故に四国における平地の割合は低く、平野自体は讃岐平野、徳島平野《とくしまへいや》、松山平野《まつやまへいや》、高知平野《こうちへいや》と各県にあるにはあるものの、どの平野も広くない。四国に住んだことがある人やお遍路《へんろ》経験者なら実感できるだろう。四国が山国でもあることを。

四国山地が険しくて平野も狭く、故に海が近いものだから大きな川は少ない。それでもいくつか著名な川をここでピックアップしよう。まずは四国最大の川である**吉野川**。四国三郎の愛称を持つその川は、高知県に端を発し徳島県を流れる。徳島県民はもとより先程も紹介したように香川県民をも大いに潤している。太平洋側には**四万十川**がある。**土佐湾**《とさわん》に注ぐ高知県が誇る清流だ。

海に囲まれている割に半島も少ない。だが数少ない半島の中で、愛媛県の西側から九州の大分県に向かって突き出している**佐田岬半島**《さだみさきはんとう》は日本一細長いという栄誉を持つ。もっともかつてはそれ故に陸路のアクセスが極端に悪くて、陸の孤島と呼ばれたりもしたようだ。

太平洋側、土佐湾の東西に存在する二つの突端部。西側が**足摺岬**《あしずりみさき》で東側が**室戸岬**《むろとさき》。2つの岬は同じ高知県に属していながらかなり離れている。地理的な距離もさることながら、高知県は一部地域を除いて鉄道も高規格道路も充実していると

四国地方の地形

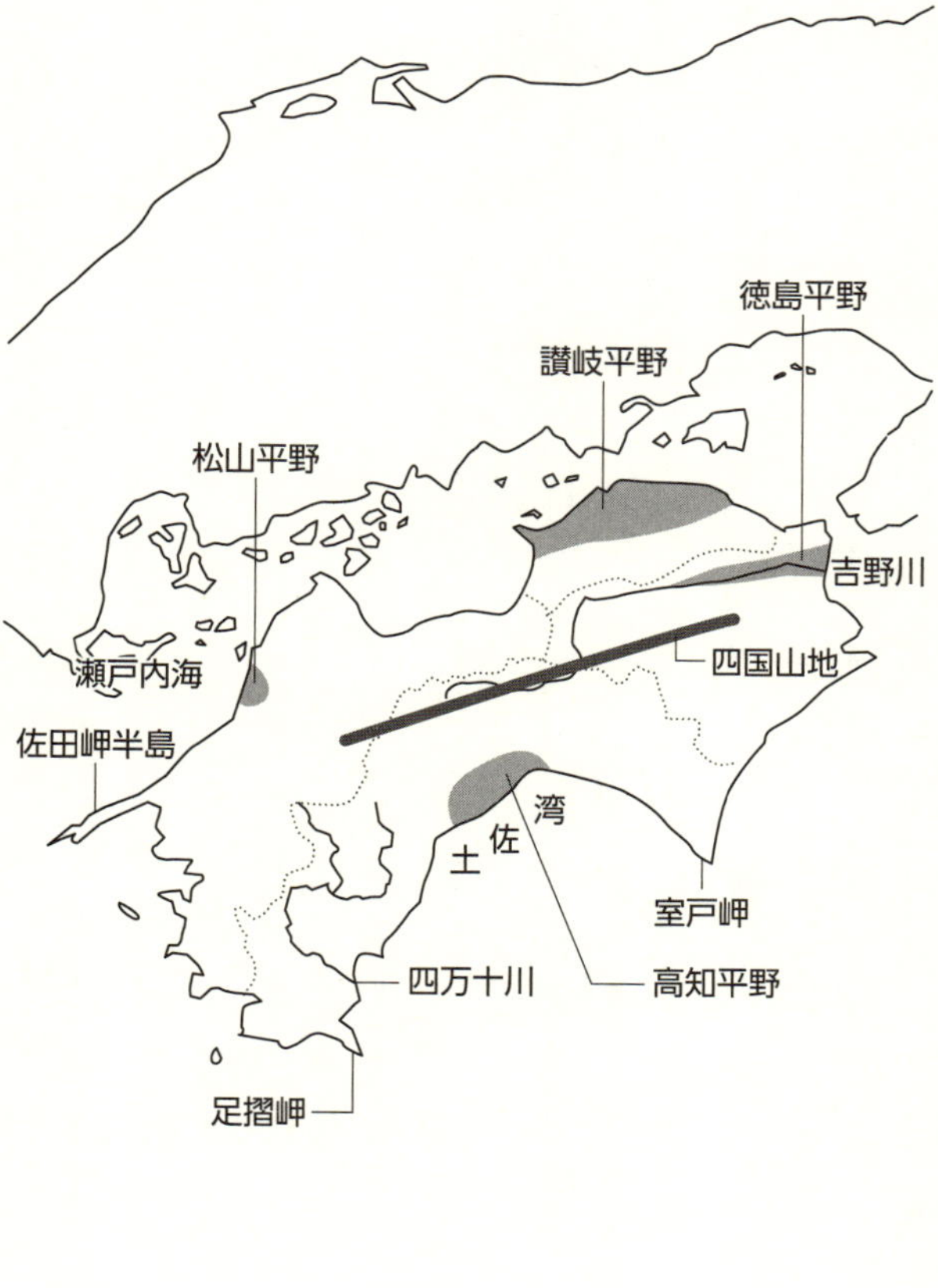
徳島平野
讃岐平野
松山平野
吉野川
四国山地
瀬戸内海
佐田岬半島
湾
佐
土
室戸岬
四万十川
高知平野
足摺岬

は言えない環境であるため、アクセス面においてもかなり遠い。車を使ってざっと5時間。東京から空路を使えばどちらの岬にも到着できてしまうほどの時間だ。このスケールの大きさは高知の魅力のひとつでもあるのだが、行政サービスの実施を難しくさせてもいる。

農林業

愛媛のミカンに小豆島のオリーブ、高知は二期作から促成栽培へ

四国の農産物で知名度ダントツなのは**愛媛のミカン**だろう。1968年に静岡県を抜いて以来、2004年に和歌山県に抜かれるまで、36年間収穫量日本一に君臨した。愛媛県は、ミカンの他にもイヨカン、ポンカン、カワチバンカン、キウイフルーツなどでも収穫量上位の常連県、**柑橘《かんきつ》王国**と言っても過言ではないだろう。

香川県に属する瀬戸内海に浮かぶ**小豆島《しょうどしま》ではオリーブ**の栽培がさかん。オリーブは幅広い用途で使える果実。料理や美容目的にオリーブオイルが用いられる他、

搾りかすも牛などの家畜の飼料にもなる。またオリーブ樹林自体も観光資源となるため、島外からもオリーブ樹林目当てに多くの観光客を呼ぶことができる。

南国土佐、四国の太平洋岸、高知県の**高知平野**では、1970年頃まで、温暖な気候を利用して米の**二期作**《にきさく》が行われていた。二期作とは一年に同じ耕地で二度同じ作物を収穫するという、なんだかコストパフォーマンスのよさげな農業。米の二期作が可能なのは温暖な地域に限定される。

ところが、そんなせっかくの二期作だったが、その後、日本は米余り状態になり、むしろ米の収穫量を調整させるという減反政策が採られてしまう。そのため、二期作を行っていた農家のほとんどは、野菜の**促成栽培**へ切り替えてしまった。ビニールハウスを利用することで出荷時期を早め、通常より高い価格で市場に出せるのが促成栽培のメリット。ただし燃料費が高騰すると室温管理や輸送費に影響するためバランスが重要になる。現代農業はコスト意識なしでは成り立たないのだ。

県東部の安芸市《あきし》、高知市春野《はるの》や土佐市《とさし》、須崎市《すさきし》などの中西部ではナス、ピーマン、キュウリなどが、中央部や西部ではショウガやニラ、オクラなどが栽培されている。そのためいずれも品目においても高知県は収穫量の上位にランクインしている。その高知県は意外なことに森林率が全国1位。林業は高知県の基幹産業ではないが、何かの折にそれが活きてくる機会が訪れるかもしれない。

水産業

宇和海の恵みと高知のカツオ

愛媛県と大分県の間にある海峡が**豊後水道**《ぶんごすいどう》、その愛媛寄りが**宇和海**《うわかい》。佐田岬半島の南から概ね高知県境あたりまでの海岸線は入江の多いリアス式海岸。この地域では**真珠の養殖**がさかんに行われており、近年は都道府県別生産量日本一が定位置となっている。ちなみに2位は、かつては愛媛県と1位を激しく争った大村湾のある長崎県の定位置。3位がアコヤガイによる真珠の養殖に世界で初めて成功した御木本幸吉が生まれ育った三重県。この3県で国内生産量の9割を超える。

宇和海では**真鯛の養殖**もさかんで、こちらも1位の常連。まさに宇和海は現地の人々はもとより日本人にとって恵みの海と言える。

四国の漁業と言われれば、誰もがすぐに思いつくのが**土佐のカツオの一本釣り**。

四国地方の農林漁業・工業と伝統工業

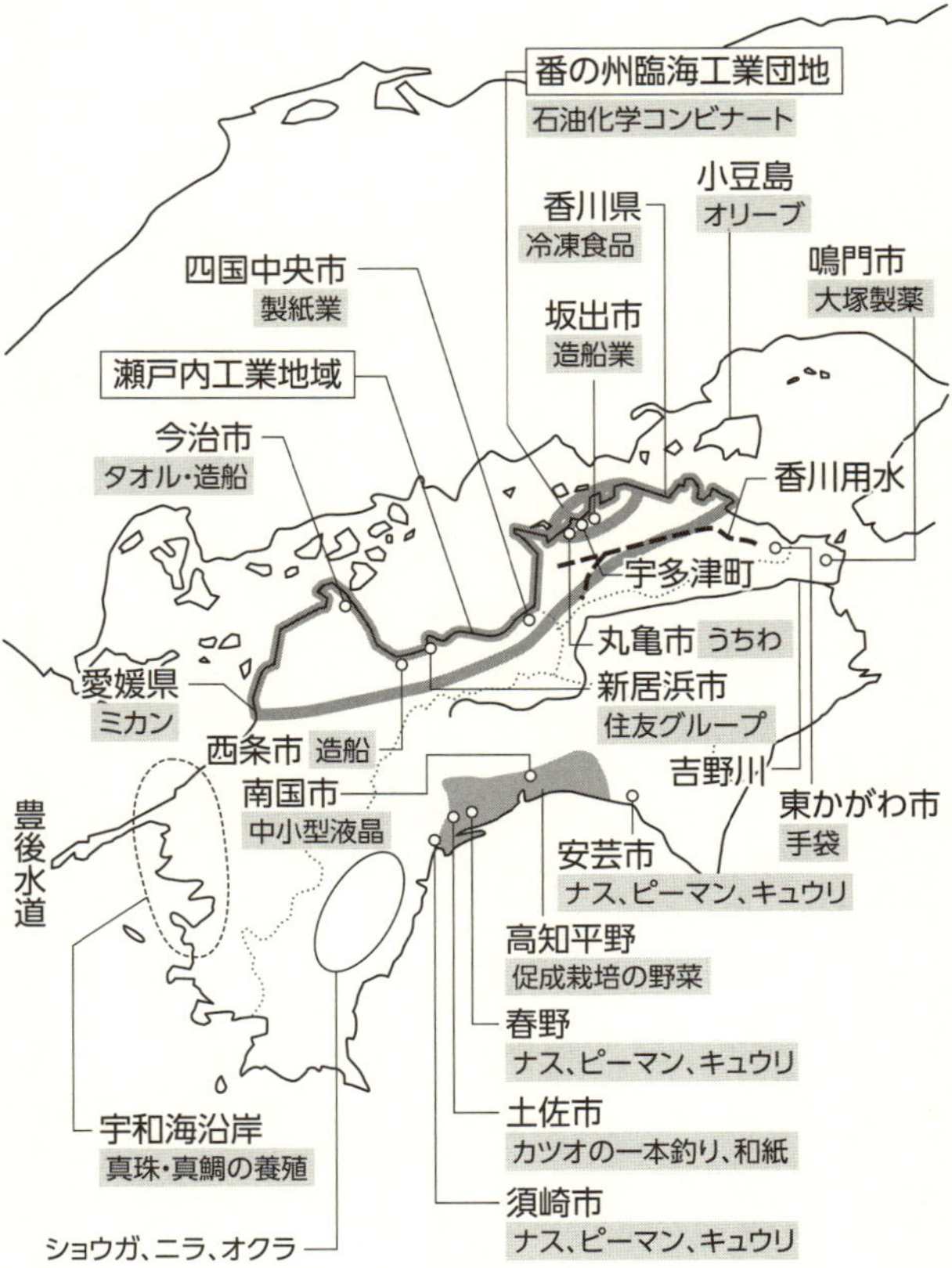
番の州臨海工業団地
石油化学コンビナート
小豆島
オリーブ
香川県
冷凍食品
鳴門市
大塚製薬
四国中央市
製紙業
坂出市
造船業
瀬戸内工業地域
今治市
タオル・造船
香川用水
宇多津町
丸亀市 うちわ
愛媛県
ミカン
新居浜市
住友グループ
西条市 造船
吉野川
南国市
中小型液晶
東かがわ市
手袋
豊後水道
安芸市
ナス、ピーマン、キュウリ
高知平野
促成栽培の野菜
春野
ナス、ピーマン、キュウリ
土佐市
カツオの一本釣り、和紙
宇和海沿岸
真珠・真鯛の養殖
須崎市
ナス、ピーマン、キュウリ
ショウガ、ニラ、オクラ

周囲を海に囲まれた漁業大国日本には様々な漁法があるけれど、定置網、底引き網、巻き網、はえ縄、トロールなど、その多くが網を用いたもの。それに対して一本釣りは、一般の釣りと同じで針と糸と竿を使って一匹ずつ釣り上げる漁法。効率は良くないが、乱獲の抑止になる他、魚も比較的傷の少ない綺麗な状態で手に入れることができる。

不思議なのは一本釣りの知名度の割には高知県のカツオの水揚げ量は決して多くないということ。それもそのはずで、一本釣り漁船は黒潮（日本海流）に乗って北上するカツオを追いかける。鮮度を保つために水揚げする港もまた高知県内の漁港に限定していない。基地となる港と水揚げされる港、それぞれ異なることも多いから漁港同士の連携も大切だと言うことがわかる。

工業

石油化学コンビナートから冷凍食品まで

瀬戸内海沿岸に広がる工業地域が**瀬戸内工業地域**。瀬戸内海沿岸は塩田の跡地など比較的広い範囲の土地が確保でき、水運の便も最高と、工業が発展するための好条件が揃っていた。

工業地域は北岸の中国地方側と南岸の四国側の両サイドに広がっているが、ここでは四国側について紹介したい。香川県の**坂出市**《さかいでし》と**宇多津町**《うたづちょう》に跨る臨海部にあるのが**番**《ばん》**の州**《す》**臨海**《りんかい》**工業団地**《こうぎょうだんち》。石油や化学などのコンビナートが形成されている。瀬戸中央《せとちゅうおう》自動車道が工業団地の真ん中を突き抜けているため陸路の便も最高だ。

坂出市のお隣りの丸亀市《まるがめし》は、伝統的工芸品にも指定されているうちわの生産があまりにも有名。日本製のうちわの9割が丸亀製という圧倒的なシェアを誇る。

シェア9割はまだある。香川県と徳島県の県境の近くにある**東かがわ市**の手袋製造。プロスポーツ選手の使うグローブに至っては、ほぼすべてが東かがわ市で製造されたものだというのだから、東かがわ市は日本のスポーツ界の縁の下の力持ちと言ってもいいだろう。**冷凍食品**の生産も**観音寺市**《かんおんじし》、**三豊市**《みとよし》、**坂出市**、**さぬき市**と県内の各所で行われ、こちらも全国でも有数の産地となっている。

愛媛県は静岡県に次ぐ**製紙パルプ王国**。中でも平成の合併で誕生した四国中央《しこくちゅうおう》市《し》は、市町村別ではあの富士市をも凌ぐ堂々の日本一の製造品出荷額を誇る。

四国中央市の隣にある**新居浜市**《にいはまし》は住友グループの企業城下町として有名。江戸時代に発見された**別子銅山**《べっしどうざん》をその起源とする。日本で初めて石油化学プラントが建設された場所でもあって、住友化学、住友重機の発祥の地でもある。現在も非鉄金属工業が行われているが、銅山の方はとうの昔に閉山。しかしその周辺は東洋のマチュピチュと称し観光スポットとして再生されている。

さらに隣の**西条市**《さいじょうし》や**今治市**《いまばりし》は**造船の街**。１９５０年代後半から90年代前半まで日本は世界最大の造船国だった。しかし現在、その地位にあるのは中国や韓国。これは他の産業にも共通するが、日本は技術の開発には熱心で有能だが、その保護においては無頓着という感がある。

もっとも製造量においては圧倒的な差をつけられてはいるものの、技術力においてはまだ一日の長があるとも言われている。こうした産業資産は企業だけの財産ではない。既に若干遅きに失した感も否めぬが、国は全力を挙げてこれらを守る手立てをしていくべきだろう。

今治は日本一のタオルの生産地としても有名。やはりこちらも中国産や韓国産との価格競争で苦戦していたが、近年は高品質ブランド化に活路を見出している。

有名企業のゆかりの地、鳴門、南国市

続いて徳島県。**鳴門市**《なるとし》はポカリスエットやオロナミンCで有名な**大塚製薬**の発祥の地で現在もその工場がある。

山が多く陸路のアクセスがよくない高知県。しかし電卓やG-SHOCKで一世を風靡したカシオの創業者の出身地である**南国市**《なんごくし》には、高知カシオからオルタステクノロジーを経て、現在は凸版印刷の傘下となったトッパンエレクトロニクスプロダクツの工場があり中小型液晶の生産が行われている。

伝統工芸品の土佐和紙も高知の特産品。その起源は平安時代に遡ると言われている。

交通

四国を身近にした本州四国連絡橋、しかし一方で……

かつて四方を海に囲まれ人の行き来を専らフェリーに依存していた四国。むろん今でも四国の周囲には海がある。が、変わったのは導線。**本州四国連絡橋**《ほんしゅうしこくれんらくきょう》と総称される3つの海上橋をつかった導線の完成で、四国への往来は陸路がメインとなった。おかげで四国は随分身近になった。が、その一方で四国としての四県のまとまりは薄れてきたように思える。

3本あるルートのうち、もっとも東にあるのが**神戸ー鳴門《なると》ルート**。ここには高規格幹線道路である**神戸淡路鳴門自動車道《こうべあわじなるとじどうしゃどう》**が走っている。山陽自動車道の神戸西ICから出発して阪神高速を経由し**明石海峡大橋**へ。世界最長の吊橋でもあるこの明石海峡大橋を渡るとそこは淡路島。

淡路島といえば島の始まりであり、タマネギの産地としても有名。昨今ではあのインターネット上で名前を目にしない日はない人材派遣会社パソナが本社機能の一部を移転したことでも話題になった。南北に意外に長く淡路市・洲本《すもとし》市・南あわじ市という3つの市で構成される淡路島を通過し、バブル前夜の1985年に開通した**大鳴門橋**を越えるといよいよ四国。

鳴門の渦潮や鳴門金時はもとより大塚製薬の企業城下町としても有名な鳴門市に上陸する。鳴門市は徳島県で人口3位の街で、南には県庁所在地である徳島市がある。この導線の存在のために徳島県からは神戸や大阪への人の流れが発生している。昭和までの四国の玄関口と言えば香川県の高松市だったのだが、平成以降は、徳島の人たちは高松を経由することなく阪神方面にでることができるようになった。

デニム生地のジーンズで有名な岡山県倉敷市《くらしきし》の児島地区から、香川県の坂出を結ぶのが**児島ー坂出ルート**。3つあるルートのうち最初に繋がったルートだ。児島から坂出に架かる橋が**瀬戸大橋**。バブル真っ只中の1988年に完成。世界一長い鉄道道路併用橋でもある。

3つの吊り橋と2つの斜張橋、そしてひとつのトラス橋の合計6つの長大橋。斜張橋というのは塔から斜めにケーブルを張って支えている橋で、トラス橋は細長い部材を使って三角形を組み合わせてできている橋。瀬戸大橋は上が自動車用の有料道路で、下が鉄道用で線路が走る。全長9,368メートル。総事業費1兆1338億円、9年の工期をかけて完成した。

当時の日本の建築技術の粋を結集した見事な橋であるだけでなく、四国と本州を大いに近づけてくれた橋だが、この橋の開通の影響で、それまであった宇高連絡線が廃止されてしまった。これは仕方のないこととは言え残念なことだった。

そしてもうおわかりだろう。この橋によって香川県の人たちは、主に岡山から阪神方面、あるいは広島へと移動するようになる。先程の徳島県も今回の香川県も素晴らしい県なのだが、日本全体の中では決して大きな県ではない。一方で阪神地区や岡山や広島は西日本の中ではなかなかの存在感を維持している。その結果、人の流れが四国内で相互に流れるのではなく、各々が連絡橋を通じて本州のアクセスのよい地域と結ばれるようになったというわけ。

最後のルートも紹介しておこう。こちらは古くは作家である林芙美子、もう少し最近になると映画監督の大林宣彦、もっと新しくなるとゲームソフト「龍が如く6」でおなじみの広島県尾道市を起点に、瀬戸内海上の島々を結んで、愛媛県の今治に到達する**尾道ー今治ルート**だ。別名**しまなみ海道**。今治までに橋が7本、島は6つ。最近はサイクリングが人気だ。

四国山地に阻まれた陸路

決して広くはない四国なのだが、高く険しい四国山地の存在などによって、陸路での移動は場所によってはなかなかの難儀を伴う。それでも各県庁所在地間は高速道路で結ばれている。

香川県では瀬戸内海沿いに**高松自動車道**が走っていて、さらに並行する形で香川県と徳島県の県境を**徳島自動車道**が貫いている。この2つの道路は愛媛県の四国中央市の一画である川之江地区まで延びている。川之江からそのまままっすぐ西には**松山自動車道**が走る。松山自動車道は同じ愛媛県でもタオルで有名な今治市には直接つながっていない。今治方面へは**今治小松自動車道**というのがあって、西条から今治を結んでいる、実はこの道路、もうかなり前からしまなみ海道への接続が計画されているのだが、我田引水ならぬ我田引道と言われても仕方のない自治体間での駆け引きが災いして、未だにしまなみ海道とはリンクしていない。

川之江からはもうひとつ南国高知へ向かう**高知自動車道**も走る。これは南北に四国を貫く道路。高知自動車道を走ると四国というのは四方を海に囲まれているけれど、実際は山地が多いことを実感できるだろう。

四国の高速道路の現状は、**エックスハイウェイ**と呼ばれる。このXを8の字もしくは無限大（∞）の形状にするのが四国の道路関係者や経済界の悲願でもある。単純に四国の周囲一周にできないのは高知県の海岸線があまりにも長いから。高知県の海岸線はお遍路さん泣かせの難所としてもよく知られている。

かつて四国の交通を支えたのがフェリー。しかし近年は減少の一途をたどっている、現在かろうじて残っている四国の寄港地は香川県の**高松港**、徳島県の**徳島港**、愛媛県中部の**東予港**《とうよこう》と**新居浜港**、そして県庁所在地にある**松山港**、さらには細長い佐多岬半島の手前の**八幡浜港**《やわたはまこう》と突端の三崎港。

岡山県
倉敷
瀬戸大橋線(本四備讃線)
瀬戸中央自動車道
高松港
高松
坂出
丸亀
高徳線
兵庫県
神戸淡路鳴門自動車道
洲本
高松空港
香川県
高松自動車道
予讃線
徳島自動車道
鳴門
鳴門線
徳島阿波おどり空港
徳島
徳島港
小松島
四国中央
徳島線
徳島県
阿南
高知自動車道
阿南安芸自動車道
(日和佐道路)
牟岐線
高知県
高知東部
自動車道
高知
高知龍馬空港
室戸
高知自動車道
土佐くろしお鉄道
ごめん・なはり線
凡例
新幹線
JR線
私鉄線
高速道路
自動車専用道
その他の道路

四国地方の交通

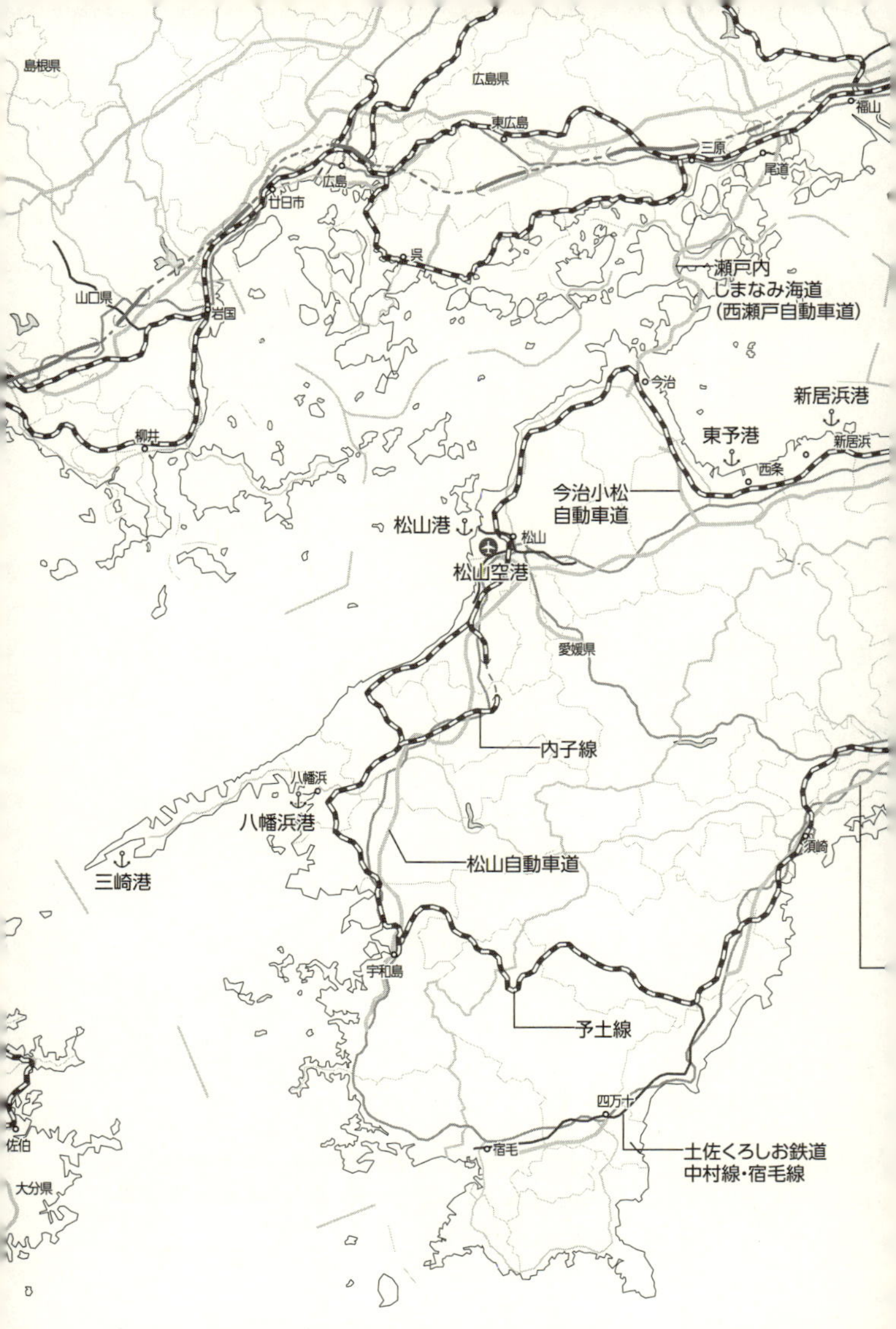

島根県
広島県
東広島
福山
三原
尾道
広島
廿日市
呉
山口県
岩国
瀬戸内
しまなみ海道
(西瀬戸自動車道)
今治
新居浜港
東予港
新居浜
西条
柳井
今治小松
自動車道
松山港
松山
松山空港
愛媛県
内子線
八幡浜
八幡浜港
三崎港
松山自動車道
須崎
宇和島
予土線
四万十
土佐くろしお鉄道
中村線・宿毛線
宿毛
佐伯
大分県

地図でわかる四国地方の名所と観光

四国地方の主な観光地を地図で紹介。

島根県
太田川
広島県
冠山山地
東広島
三原
尾道
広島
広島平野
廿日市
広島湾
呉
山口県
岩国
安芸灘
芸予諸島
瀬戸内海
燧灘
今治
柳井
新居浜
道後温泉
高縄半島
屋代島
防予諸島
現存十二天守
松山城
西条
松山
石鎚国定公園
重信川
松山平野
石鎚山
笹ヶ峰
石鎚山脈
伊予灘
愛媛県
周防灘
高知県
肱川
佐田岬半島
八幡浜
四国
カルスト
須崎
速吸瀬戸
佐田岬
関崎
宇和海
現存十二天守
宇和島城
四国山地
宇和島
足摺宇和海国立公園
豊後水道
大分県
四万十
鶴御崎
宿毛
四万十川
宿毛湾
足摺岬

意外にも海岸線の長い高知県にはフェリーの寄港地はない。2018年に高知県の宿毛港《すくもこう》と大分県佐伯市の佐伯港《さえきこう》を結んでいた高知県最後のフェリーであった宿毛フェリーが営業を終了してしまった、フェリー受難の時代と言われて久しい。空路のコストが下がった現在においてフェリーの復権は厳しいのかも知れない。

その空路だが、空港は各県に一つずつ。香川県は**高松空港**、徳島県は**徳島阿波おどり空港**、愛媛県は**松山空港**、そして高知県の**高知龍馬空港**。LCCの増加によりこれらの空港も活気ある姿を見せていたが、2020年に始まった新型コロナによる災禍によって、航空会社が軒並み経営状態を悪化させているのが気がかりなところ。一刻も早く元気な状態に戻って欲しいものだが。

鉄道の雄である新幹線は四国には走っていない。かつて計画は存在したが打ち切られた。その後も四国の政界や財界人を中心に四国新幹線への希望は根強く残っており、具体的なプランも提出されたりしている。もっとも四国の広さなら在来線の特急で十分に用を成す。無理に新幹線を誘致することで在来線特急が廃止されたら元も子もない。現状は現状でありなのではなかろうか。

おっと、大切なことを言い忘れていた、四国にはいわゆる四国新幹線はないが、**ホビー新幹線**がある。初代新幹線である0系をモデルにした車両が**予讃線**《よさんせん》を走っている。これはこれで素敵じゃないか。

歴史

京の政権を背後から支えた実力者たち

かつて日本の中心だった畿内に近いだけに四国の歴史は古い。『古今和歌集《こきんわかしゅう》』の撰者で紀行文『**土佐日記**《とさにっき》』の著者紀貫之《きのつらゆき》、弘法大師空海など、古代から中世にかけて多くの要人たちが四国を訪れた。平安時代の末期、木曽義仲《きそよしなか》に敗れて都落ちした平氏一門は、幼少の**安徳天皇**《あんとくてんのう》を伴い**屋島**《やしま》に拠点を築いた。ほんの一時期だが、この時期の御所は四国に在したとも言える。

室町時代末期、家督争いが生じ弱体化した足利幕府《あしかがばくふ》を牛耳ったのが、現在の徳島県三好市に生まれた**三好長慶**《みよしちょうけい》。同時期に**阿波国**《あわのくに》の**平島**《ひらじま》には、同じ一族ながら足利義輝《あしかがよしてる》と対立する堺公方《さかいくぼう》こと**足利義維**《よしつな》が拠点を設け平島公方と呼ばれた。この期間の天下は四国によって動かされたといえるだろう。

戦国時代に突入すると土佐の戦国大名である**長宗我部元親**《ちょうそかべもとちか》が四国を平定。だが既に全国統一の途上にあった豊臣秀吉に敗れ、土佐一国を残して所領を召し上げられ元親は秀吉の臣下に下った。

関ヶ原で敗れた長宗我部氏の不運

元親の後継者四男の盛親《もりちか》は関ヶ原で家康に味方するつもりが成り行きで西軍に参加してしまう。西軍は完膚なきまでに敗れ、長宗我部の領土は没収されてしまった。代わって土佐に入ったのが掛川から国替えとなった**山内一豊**。山内氏支配下の土佐藩では山内配下の上士に対し、旧長宗我部氏家臣は郷士と蔑まれた。

そんな土佐藩は幕末に歴史の表舞台に立つ。幕末の四賢侯《よんけんこう》の一人に数えられた藩主**山内容堂**《やまのうちようどう》に**板垣退助**《いたがきたいすけ》や**後藤象二郎**《ごとうしょうじろう》が積極的に助言。脱藩藩士**坂本龍馬**の暗躍も功を奏し、倒幕に大きな役割を果たし、十五代将軍徳川慶喜による大政奉還を実現させた。薩長土肥のひとつに数えられ、維新の立役者となった土佐藩だったが、明治政府成立後は薩摩と長州に主導権を握られてしまう。しかし時代が昭和になってからは、高知出身の濱口雄幸《はまぐちおさち》、高知を選挙区とした吉田茂《よしだしげる》、徳島出身の三木武夫《みきたけお》、香川出身の大平正芳《おおひらまさよし》と四国は多くの首相を輩出している。

第八章
九州地方

福岡県
佐賀県
大分県
福岡市
佐賀市
大分市
熊本市
長崎県
長崎市
宮崎県
熊本県
鹿児島市
宮崎市
鹿児島県
那覇市
沖縄県

もともと9つの国があった九州

「九州」という名前にもかかわらず、属する県は沖縄《おきなわ》を別にすると7つしかない。なぜだろう。

このちょっとした矛盾を解消するカギは旧国名にある。沖縄を別にして現在の九州に存在した国は以下のようになる。

現在の福岡県《ふくおかけん》西部に該当する**筑前国《ちくぜんのくに》**。同じく南部に該当する**筑後国《ちくごのくに》**。現在の佐《さ》賀県《がけん》と長崎県《ながさきけん》から**壱岐《いき》・対馬《つしま》**を除いた部分が**肥前国《ひぜんのくに》**。「あんたがたどこさ」の手毬唄で有名な**肥後国《ひごのくに》**は現在の熊本県《くまもとけん》。いまの福岡県東部と大分県《おおいたけん》北部を跨いであったのが**豊前国《ぶぜんのくに》**。大分県の残りの部分は豊後水道《ぶんごすいどう》などの地名で耳に覚えのある**豊《ぶん》後国《ごのくに》**。日向灘《ひゅうがなだ》や日向かぼちゃでこれまた聞き覚えのある**日向国《ひゅうがのくに》**は宮崎県《みやざきけん》。鹿児島《かごしま》県《けん》の東部と奄美群島《あまみぐんとう》部は**大隅国《おおすみのくに》**。そして鹿児島県の残りの部分がサツマイモで有名な**薩摩国《さつまのくに》**。

筑前、筑後、肥前、肥後、豊前、豊後、日向、大隅、薩摩でちょうど9つ。9つの国があったので九州というわけだ。

旧国名で気をつけたいのは江戸時代に幕藩体制下で各大名が治めていた藩の名

前と旧国名が同じケース。律令制下で地方の行政区分として定着した旧国は66国２島（当初は更に多かった。２島は現在の長崎県にある壱岐と対馬）。

　これに対して幕藩体制下の藩は、幕府の政策により時期によって数は上下するも、概ね２５０藩強で旧国の数の４倍。そのため同じ名前を持つ旧国と藩ではその指し示す領域の範囲が異なる。地理の謎について、歴史方面からアプローチするときは注意が必要だ。

各県

福岡から沖縄まで

　地理的には九州の北西に位置するが、九州地方の政治経済の中心となっている県が**福岡県**。九州地方の玄関口として国内はもちろん海外との交流の拠点ともなっている。本州とは、**関門海峡**《かんもんかいきょう》を挟んで、山口県の下関と海底トンネルである関門トンネルで結ばれていて、空路においても日本にある民間利用できる全空港の中でもトップクラスのアクセスを誇る福岡空港があるため極めて便利。

福岡県の南東にあるのが温泉で有名な**大分県**。世界から多くの旅人が訪れる別府《べっぷ》では、街のいたるところから湯気が湧き上がる壮大な風景を見ることができる。福岡県の南西が吉野ケ里遺跡《よしのがりいせき》のある**佐賀県**。伊万里焼《いまりやき》などの焼き物も名高い。半島と千近くに及ぶ島々からなるのが**長崎県**。リアス式海岸が多いため海岸線の長さでは北海道に次ぐ第2位を誇る（北方領土を除くと逆転して長崎が大差で1位）。日本で一番島が多い県だ。

昭和40年代に新婚旅行で大いに賑わったのが、神話のふるさと**宮崎県**。温暖な気候とマンゴーや宮崎牛など豊富な魅力を持つ県だ。その西隣が「火の国」こと**熊本県**。ゆるキャラ**くまモン**で全国にその名を売った。火山が多いことでも知られる。九州本島の最南端が**鹿児島県**。桜島《さくらじま》は活発な活動を続ける活火山。幕末大河の舞台のひとつでもある。福岡から860キロ（鹿児島からは650キロ）ほど先が、日本の南端県である**沖縄県**。美《ちゅ》ら海《うみ》や琉球文化《りゅうきゅうぶんか》が多くの観光客を惹き付けてやまない。

北の筑紫山地と中央の九州山地

北と中央に2つの山地、北にあるのが低くなだらかな**筑紫山地**《つくしさんち》で、中央にあるのが高くて険しい**九州山地**《きゅうしゅうさんち》だ。

九州の北に位置する海は**玄界灘**《げんかいなだ》。もう『無法松の一生』なんて知らない世代の方が多いんだろうなあ。玄界灘は波は荒れるが好漁場。その向こうには壱岐・対馬と2つの有名な島がある。近年は隣国からの観光客が多く、九州以外の日本の各地でも、頻繁に話題に上るようになっている。

西に目を転ずれば**五島列島**《ごとうれっとう》の島々が見える。五島列島と**天草灘**《あまくさなだ》を挟んで対峙するのが天草諸島の島々。その天草諸島と九州本島の八代《やつしろ》の間にある遠浅の海が**八代海**《やつしろかい》。**不知火海**《しらぬいかい》という異名が、ちょっと厨二ゴコロをくすぐる。熊本平野からこの八代海に流れる川が日本三大急流のひとつとして名高い**球磨川**。「きゅうまがわ」と誤読したり、「熊川」と誤記してしまいそうだが、「球磨川＝くまがわ」が正しい。

筑紫山地の南には筑紫次郎の異名を持つ合唱曲でも有名な**筑後川**《ちくごがわ》が、干潟で名高い有明海《ありあけかい》へ注ぐ。その筑後川下流に広がるのが**筑紫平野**《つくしへいや》。下流の**柳川**《やながわ》はクリー

九州地方の地形

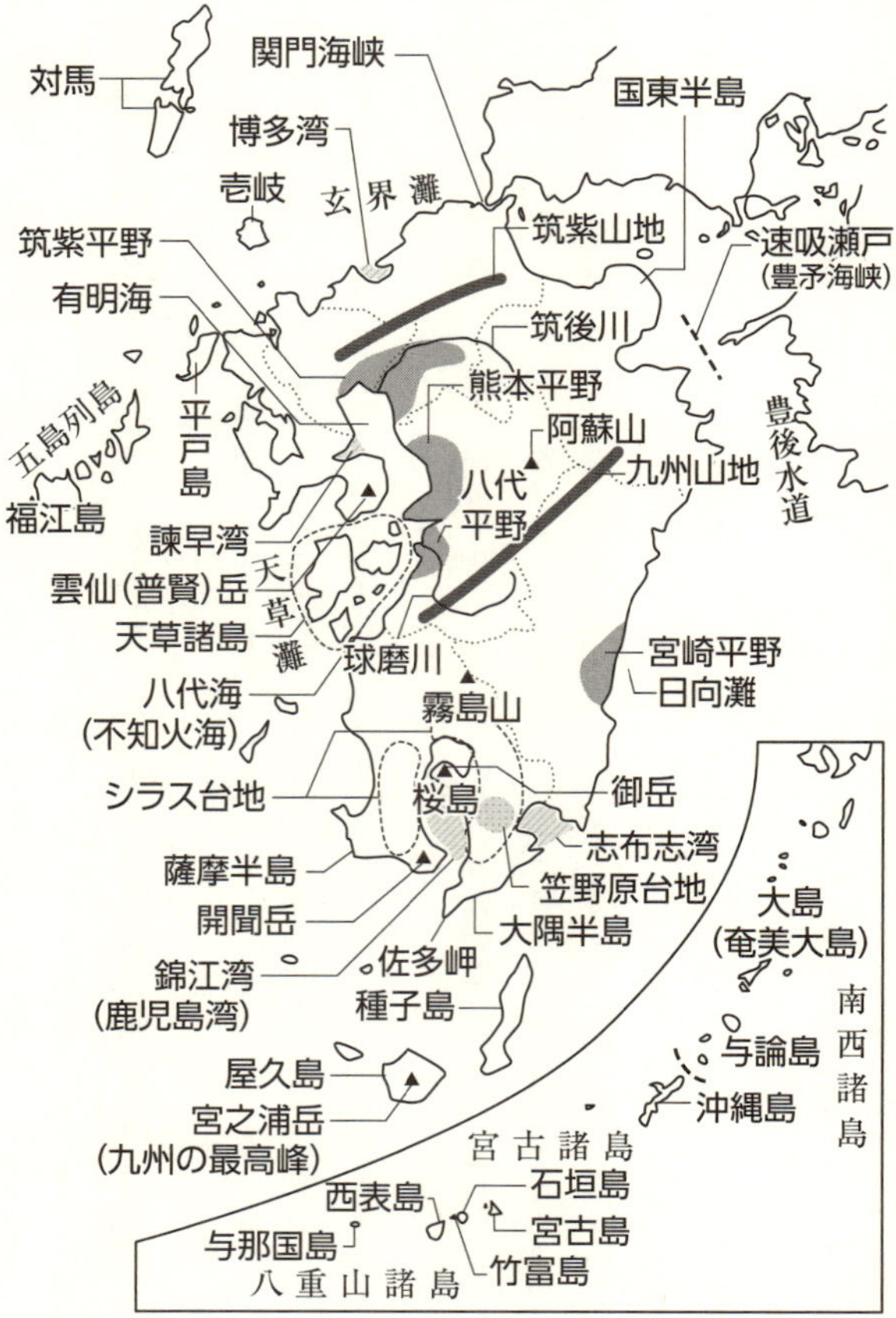

対馬
関門海峡
博多湾
壱岐
玄界灘
国東半島
筑紫平野
筑紫山地
速吸瀬戸
(豊予海峡)
有明海
筑後川
五島列島
平戸島
熊本平野
阿蘇山
豊後水道
九州山地
福江島
八代平野
諫早湾
天草灘
雲仙(普賢)岳
天草諸島
球磨川
宮崎平野
日向灘
八代海
(不知火海)
霧島山
シラス台地
御岳
桜島
志布志湾
薩摩半島
笠野原台地
開聞岳
大隅半島
大島
(奄美大島)
錦江湾
(鹿児島湾)
佐多岬
種子島
南西諸島
与論島
屋久島
沖縄島
宮之浦岳
(九州の最高峰)
宮古諸島
石垣島
西表島
宮古島
与那国島
竹富島
八重山諸島

クと呼ばれる水路で知られている。

九州の東、瀬戸内海との間にあるのが豊後水道。ここで釣れるサバやアジは関サバ、関アジと呼ばれ、味にうるさい人たちにも人気だ。南へ下ると凹凸の少ない**日向灘**があり、その沿岸に沿うような形で、かつて野菜の促成栽培で試験の頻出地名だった宮崎平野が広がる。

九州本島の南端にはクワガタムシの大アゴのように大隅半島と薩摩半島が、西と東から弧を描いて伸びる。その南にある細長い島が宇宙センターや鉄砲伝来で有名な**種子島**《たねがしま》。その隣にある丸い島が屋久杉で有名な、世界遺産にも登録されている**屋久島**《やくしま》だ。

気候

全県的に年平均気温が高め

九州・沖縄地方は日本の最南端であるため全県ともに年平均気温が高め。例えば東京都と福岡県では緯度にしておよそ2度近くの差がある。地球上でのいわば

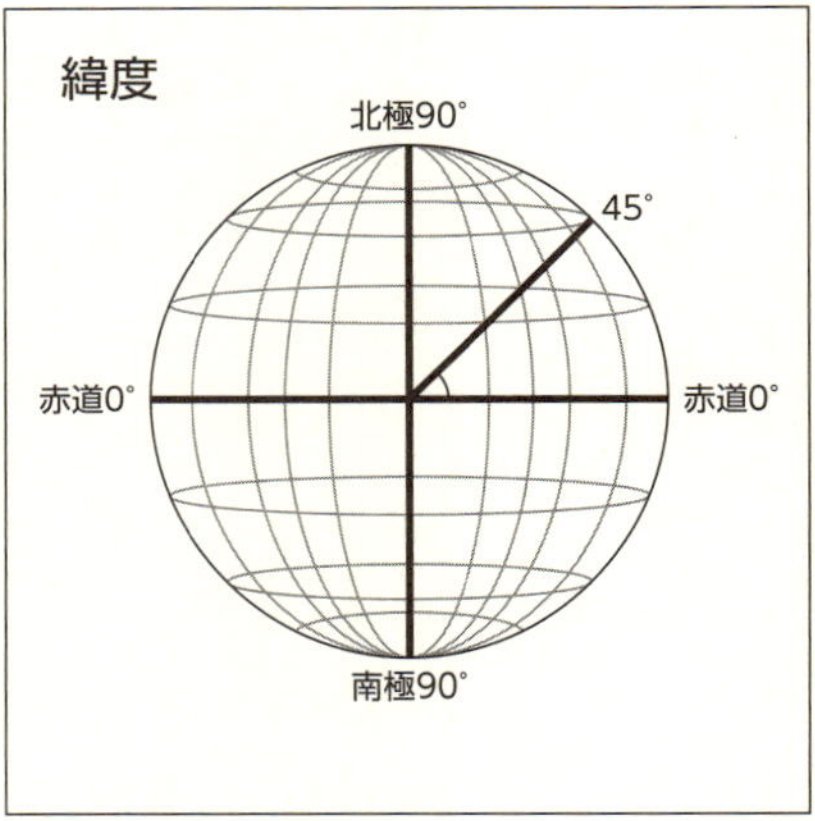

縦の位置を表すための指標である緯度は、地球の真ん中に支点を置いて赤道を0度とし、北極と南極をそれぞれ90度と設定する。ゆえに緯度は北半球と南半球それぞれ最高が各極地の90度。全体でも90度までしかない中での2度と聞くと、僅差のように見えるが、実は気温においては結構大きい。

　福岡県など九州北部は日本海側になるが、東北の日本海側や北陸、それに山陰と違って、対岸に朝鮮半島《ちょうせんはんとう》があるため冬の季節風の影響を受けにくく、冬の降水量もさほど多くはならない。一方で宮崎県など太平洋側は黒潮や台風の影響を受ける典型的な**太平洋岸式気候**に属する地域。夏の降水量は非常に多い。

　沖縄県の県庁所在地である那覇《なは》市の緯度は北緯26度。ここまで来ると完全に**亜熱帯**。しかも四方が海なので雨が多い。とりわけ梅雨と台風のある夏はその影響

が顕著だ。ところが雨が多いにもかかわらず沖縄は頻繁に水不足に悩まされる。沖縄諸島は島ゆえに大河を持たず、沖縄本島などは地盤が珊瑚礁《さんごしょう》によって形成された石灰岩基盤で、スポンジのように穴だらけなので水持ちが良くない。周りを水に囲まれていても水不足に悩まされるというと不思議な感じがするのだが、背景にはこういうメカニズムがあるのだ。

そこで沖縄では飲料用を除いて雨水を積極的に利用している。北海道では一般家庭の屋外に大容量の灯油タンクが据え付けられている風景を見ることができるが、同じように沖縄では一般的な家庭の家屋に雨水タンクが設置されているのを見ることができる。雨の降る量自体は多いのだから、雨水を有効利用できれば水不足を緩和できる。これも暮らしの知恵なのだ。

農業

黒豚、黒牛がブランド化

農業産出額において全国の約2割、同じく耕地面積において1割を占める九州は紛れもなく農業アイランドと言えるだろう。九州の農業の特徴は、各地の気候や土地の性質を活かした適地適作型であるということだ。

特に畜産と畑作にその強みを見る。**黒豚**《くろぶた》、**黒牛**《くろうし》のブランド化に成功した鹿児島県や宮崎牛の宮崎県は畜産王国。ともに**養鶏**《ようけい》においても日本有数の地域だ。温暖な気候を利用してキュウリやピーマンの促成栽培をしているのが宮崎平野。宮崎県では、他にも日向カボチャ、ラッキョウなどの栽培も行われている。

シラス台地で乾燥に強いサツマイモ

鹿児島、宮崎といえば火山。火山から噴出された火山灰が堆積してできた台地が**シラス台地**。そもそもシラスとは火山灰の別名でもある。

火山灰土は保水性が低いため農業には不向きとされていた。しかし人の努力や工夫は不可能を可能にする。シラス台地の代表格である鹿児島の**笠野原台地**《かさのはらだいち》は、農業従事者の試行錯誤や、ダムによる灌漑が実って一大畑作地となった。

現在シラス台地では、乾燥に強い**サツマイモ**（甘藷《かんしょ》）をはじめ、オクラ、さらには茶や葉タバコ、サトウキビなどの工芸作物の栽培も行われている。工芸作物と言えば、熊本県の八代平野は畳表の原料となる**イグサ**の一大生産地。国内シェアの実に9割を占める。九州では他にも福岡、佐賀、大分の各県で材質が異なるイグサが栽培され、様々な用途の畳表に用いられている。

フルーツ大国九州

フルーツ（ここではスイカやイチゴ、トマトを含む）においても、九州は大供給地。九州の各地で様々な果実が栽培されている。

ナツミカンやスイカ、トマトの生産においてトップの常連が熊本県。かつてお茶の間を凍らせた刺激的なテレビのＣＭで、全国にその名を轟かせたメロンも健在だ。

九州の中では農業色が薄い印象のある福岡県も、キウイフルーツやイチゴの生産高で全国上位を誇る。特に福岡県の農業総合試験場で育成され商標登録された「あまおう」は群雄割拠するブランドイチゴの中で堂々たる存在感を放っている。

水産業の印象が日立つ長崎県だって**ビワ**の生産では全国一位の常連。沖縄をはじめとする南西諸島でも本土とはまた一風変わった南国特有の作物が栽培される。パイナップル、サトウキビ、マンゴー、さらにはゴーヤチャンプルーに使われるニガウリやトウガンあたりは、沖縄県が生産高一位の座を独占している。

ブランド化で農業の再生をはかる

パイナップルは2年に一度しか実がならず、1株に1個しか収穫できないのに加え、3年目には植え替えが必要。そんなこともあって今世紀に入ってからは、バイオ燃料需要を当てにしてサトウキビ栽培に切り替える農家が続出した。

沖縄に限らず輸入自由化や消費需要の多様化は日本の農業に打撃を与えた。だが、観光用途の導入や切り替え、ブランド品種の開発による量から質への転換など、農業に携わる人達は様々な知恵でそれを乗り越えている。

工業

シリコンアイランドからカーアイランドへ

九州はもとより日本の近代工業を支えたのが**八幡製鉄所**《やはたせいてつじょ》。日清戦争の戦勝賠償金で建てられたこの施設は、日本の重化学工業発展の礎となり富国強兵政策を支えた。

九州地方の農林漁業・工業と伝統工業

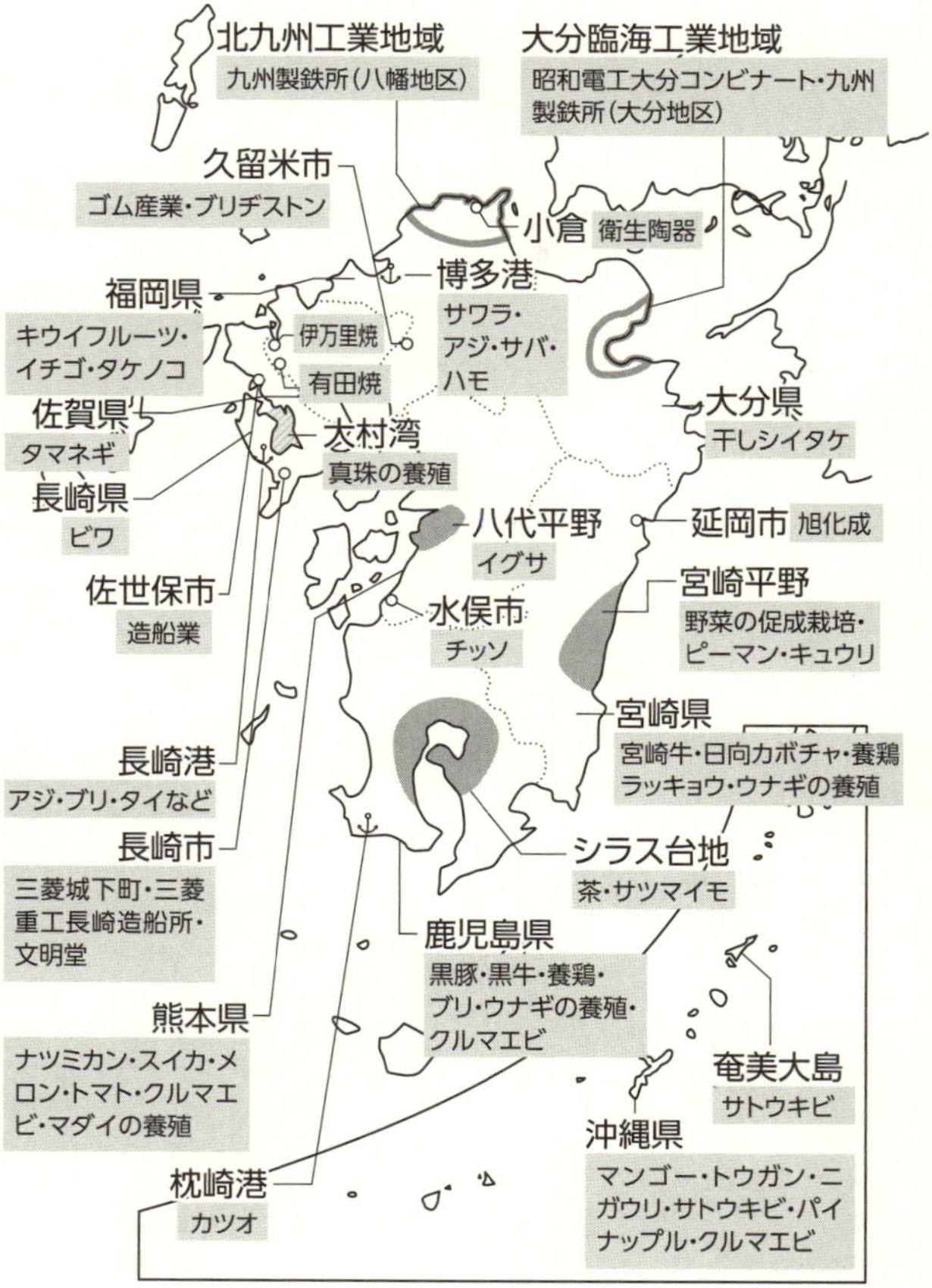
北九州工業地域
九州製鉄所（八幡地区）
大分臨海工業地域
昭和電工大分コンビナート・九州製鉄所（大分地区）
久留米市
ゴム産業・ブリヂストン
小倉
衛生陶器
博多港
サワラ・アジ・サバ・ハモ
福岡県
キウイフルーツ・イチゴ・タケノコ
伊万里焼
有田焼
佐賀県
タマネギ
大村湾
真珠の養殖
大分県
干しシイタケ
長崎県
ビワ
八代平野
イグサ
延岡市
旭化成
佐世保市
造船業
水俣市
チッソ
宮崎平野
野菜の促成栽培・ピーマン・キュウリ
宮崎県
宮崎牛・日向カボチャ・養鶏
ラッキョウ・ウナギの養殖
長崎港
アジ・ブリ・タイなど
長崎市
三菱城下町・三菱重工長崎造船所・文明堂
シラス台地
茶・サツマイモ
鹿児島県
黒豚・黒牛・養鶏・ブリ・ウナギの養殖・クルマエビ
熊本県
ナツミカン・スイカ・メロン・トマト・クルマエビ・マダイの養殖
奄美大島
サトウキビ
沖縄県
マンゴー・トウガン・ニガウリ・サトウキビ・パイナップル・クルマエビ
枕崎港
カツオ

しかし鉄鉱石の輸入先が中国からオーストラリアに代わり、鉄鉱石を溶かすための熱源も石炭から石油に代わって、八幡製鉄所のアドバンテージは小さくなっていった。かつては四大工業地帯のひとつに数えられた北九州工業地帯《きたきゅうしゅうこうぎょうちたい》は**北九州工業地域**になり、いまは生産高において北陸工業地域の後塵を拝するレベルにとどまっている。

だが他の地方に比べて人件費を抑えやすく用地の確保がしやすい点は少なくとも企業にとっては大きなアドバンテージ。そのことが利点となり、九州は新規の工場誘致を比較的容易に実現した。60年代末から「新しい産業の米」と言われた半導体を製造する工場が集まり、九州は**シリコンアイランド**と呼ばれた。現在は自動車関連の工場が多いことから**カーアイランド**と呼ばれている。

北九州市小倉《こくら》で製造される衛生陶器や世界的タイヤメーカー・ブリヂストンの創業の地である久留米《くるめ》市のゴム製品も、この地域を代表する工業製品。タイヤのゴムは元を辿れば地下足袋のゴムだったというのだから面白い。

大分県には企業小説のモデルにもなったコンビナートや製鉄所があり、三菱重工発祥の地で戦艦武蔵も建造された長崎県の長崎市や**佐世保市**《させぼし》では、今でも造船業が営まれている。九州の工業は新しいものとどこか伝統を感じさせるものが混在している。次は何が生まれるのだろうか。

水産業

水産大国九州

全県が海に面している九州だけに各県ともに漁業はさかん。まさに水産大国。**博多港**《はかたこう》、**長崎港**《ながさきこう》、**枕崎港**《まくらざきこう》と特定第三種漁港も3港ある。

日本海に面した博多港ではアジ・サバ・ハモ・サワラなど多様な魚が水揚げされる。好漁場の条件である大陸棚の広がる東シナ海に接した長崎港には、アジ・ブリ・タイ・サバ・イワシ・イカなど、食卓やお寿司屋さんでおなじみの魚介類がよく揚がる。太平洋側の枕崎港はカツオの一本釣りの基地。鹿児島県がカツオ節生産量日本一の常連であるのも納得の話。

話題を養殖漁業に移そう。

特に有名なのは長崎県**大村湾**だが、佐賀、熊本、大分、鹿児島の各県も生産量や生産額の上位常連県だ。養殖で日本一の常連と言えば鹿児島のブリやウナギ。

東日本の人々にはウナギと言えば浜名湖のある静岡のイメージが強いようで、鹿児島とウナギの組み合わせは意外に感じる方も多いことだろう。本当はあまり多くの人に知られたくはないのだが、鹿児島産の**青鰻**《あおうなぎ》は岡山産のそれと並んで、とんでもない絶品だ。九州では宮崎県もウナギの養殖上位常連県だ。

意外と言えばクルマエビ。東日本ではあまり知られていないが九州はクルマエビ王国。沖縄県をはじめ、鹿児島県や熊本県も毎年生産高の上位に位置している。その熊本ではマダイの養殖もさかんだ。魚ではないが日本人にとって大切な海産物であるノリも、有明海のある佐賀県や福岡県が全国上位の生産高を誇る。まさに九州の海は、日本人の食を支える天然のいけすといえるだろう。

各島

沖縄の離島にはさまざまな魅力が

九州の南端、鹿児島から650キロ南には、沖縄島を中心に沖縄諸島がある。その沖縄からさらに300キロ南下すると、**宮古諸島**《みやこしょとう》と**石垣島**《いしがきじま》を中心とする**八重**《やえ》

山諸島《やましょとう》の島々に辿り着ける。天気予報などで、宮古諸島や八重山諸島の総称として先島諸島《さきしましょとう》という呼称が使われることがある。だがこの呼び方は現地の人たちにはあまり歓迎されていない。やはり宮古諸島・八重山諸島と呼称すべきだろう。

近年はリゾートや観光、さらには移住目的で、多くの人々が押し寄せているのが宮古諸島や八重山諸島。宮古諸島には海上をドライブしているかのような気分を味わわせてくれる絶景で有名な池間大橋《いけまおおはし》、来間大橋《くりまおおはし》、伊良部大橋《いらぶおおはし》という3つの橋がある。八重山諸島の石垣島もエメラルドグリーンの川平湾《かびらわん》をはじめ絶景では負けていない。新空港が開港した石垣島ではフェリー乗り場も整備され、星の砂やイリオモテヤマネコ、カンムリワシにセマルハコガメ、マングローブ林で有名な西表島《いりおもてじま》や、NHKの朝ドラ『ちゅらさん』で有名になった小浜島《こはまじま》にも足を運ぶことができる。

日本最西端の地、与那国島《よなくにじま》へも石垣島から空路でアクセス可能。テレビドラマ『Dr.コトー診療所』の舞台だが、飛行機は天候に左右される乗り物なので訪問するときは日程に余裕を持ちたいところ。

八重山諸島の北には近年中国などが領有権を主張し始めた尖閣諸島《せんかくしょとう》の島々がある。資源あるところに領土問題が発生するのも歴史の悲しい現実なのだ。

火山

雲仙普賢岳、阿蘇山に桜島、新燃岳

九州と言えば火山。活火山の数自体は他の地方に比べて極端に多いわけではないのだが、九州には近年目立った活動を見せた火山が多いのだ。

まずは長崎県島原《しまばら》半島の**雲仙普賢岳《うんぜんふげんだけ》**。1990年に噴火を始め、翌年には大噴火を起こし、地元の消防関係の方々や取材にあたっていた人々が、火砕流《かさいりゅう》の犠牲になってしまった。ちなみに雲仙で一番高い山は平成新山で、その名が示す通り平成になってからできた山。平成の大噴火で溶岩ドームが形成され、そのうちのひとつが普賢岳を超える高さまで大きくなってしまったのだ。まさに火山は生き物。

九州のほぼ真ん中にあるのが火山の噴火でできた窪地であるカルデラで有名な**阿蘇山《あそさん》**。観光客で賑わっていたこの阿蘇山も2016年に噴火。周辺への立ち入りが禁止された。最近の噴火と言えば鹿児島から宮崎に聳える霧島連峰《きりしまれんぽう》の**新燃岳《しんもえだけ》**も忘れられない。東日本大震災の少し前、噴煙で昼でも暗かった現地の様子がワイドショーで何度もリポートされていた。鹿児島県にはこの霧島の他に街のシン

ボルでもある桜島《さくらじま》や円錐形が見事な開聞岳《かいもんだけ》もある。桜島は2021年にも噴火したが、頼もしいのは地元の方々に災害に対する備えがしっかりできていること。火山大国に住むのならそれ相応の覚悟と準備は不可欠だろう。

残念ながら現在の科学力では火山の噴火を抑えることはできない。あまり脅したくはないが、九州には一旦本格的な活動を始め破局噴火に至ったら、日本どころか世界を経済的に破滅に追いやるのではないかと言われるようなカルデラも存在する。石黒耀氏の小説『死都日本』ではそんな状況がシミュレートされ描かれている。しかし火山は恐ろしい災害を起こす一方で、風光明媚な絶景や日本人はもとより今や世界中の人々に愛されている温泉を提供してくれる。人間にとって歓びと畏れの対象である火山は、まさに自然という神が具現化した姿なのだろう。

交通

関門トンネルの存在

大きいながら九州は本州とは海で隔てられた島。普通ならば島へのアクセスとしてはまず空路や海路が考えられるところ。しかし九州は、ある導線のおかげで陸路でのアクセスも非常に容易で、島であることのデメリットを感じさせない。その導線というのが**関門《かんもん》トンネル**だ。

山口県下関市から福岡県北九州市の門司区《もじく》を結ぶ海底トンネルが関門トンネル。その名の由来は下「関」と「門」司の間にある関門海峡。

実は関門トンネルと称されるトンネルは複数あって、もっとも古いのが、なんと驚きの戦前に既に開通していた鉄道（在来線）用の関門トンネル。戦後の1958年に開通したのが自動車用の関門国道トンネル。このトンネルは国道2号線の一部にあたり、人が通行できる関門人道トンネルも併設されている。そしてもっとも新しいのが、山陽新幹線が走る新関門トンネル。1975年に開通したこのトンネルは完成時には世界で最も長い鉄道トンネルでもあった。このトンネルの完成により、山陽新幹線と直通する東海道新幹線の利用が容易になり、九州から広島、大阪、東京へのアクセスは格段に向上した。

九州新幹線の光と影

そんな九州に絶大な益をもたらした山陽新幹線の全通から二十九年後には**九州**

新幹線の鹿児島ルートが部分開通する。同ルートは2011年には全通、これによって九州の北から南までが新幹線で繋がった。

しかし問題も残っている。まずは東側について。九州の東岸沿いに南へ向かうルートは大分まではスムーズなのだが、そこから宮崎を経て鹿児島に至る道筋はなかなかに厳しく、たとえば大分駅から宮崎駅まで最短でも在来線特急で3時間以上の時間を要してしまう。そのために宮崎県は東九州新幹線や九州横断新幹線の実現に向けて働きかけを行っているものの、人口減に加え新型コロナの流行でJR各社も赤字を計上している昨今の情勢を鑑みると実現は決して容易ではない。

ただ同じ陸路でもクルマでのアクセスについては大きな改善がなされている。それが2016年の**東九州自動車道**の椎田《しいだ》南IC－豊前IC間の開通だ。これによって北九州市から宮崎市まで4時間20分、大分市から宮崎市までは2時間50分で往来が可能になった。かつては自動車利用においても大分－宮崎間では高規格幹線道路が存在しなかったため宮崎県は陸の孤島状態だったのだ。しかし東九州自動車道によって宮崎県は陸の孤島ではなくなった。鉄道への課題は残るが、昨今のご時世を思うと大きな進歩と言えるだろう。

九州の鉄道網におけるもうひとつの課題はズバリ**長崎新幹線**の問題。既に開通している鹿児島ルートは博多から南下を開始してしまうルートだ。そのため佐賀県の東端にあたる鳥栖市《とすし》には新鳥栖駅が設けられているが、佐賀県の大部分と長崎県は恩恵を受けにくい。そこで九州北部を横断する長崎新幹線こと西九州ルートの完成が望まれているのだが、そこには一筋縄ではいかない問題が横たわっている。

長崎新幹線は長崎県にとっては悲願である一方で、佐賀県にとっては望まないものだったりするのだ。というのも佐賀県の場合、仮に長崎新幹線が開通しても、博多を代表する福岡県の各駅に向かうにも、長崎市など長崎県の各都市へ行く際にも、在来線からの所要時間の短縮は微々たるものでしかない。すなわちメリットがほぼ皆無なのだ。

一方で建設や維持における佐賀県の負担金は数百億円から一千億円とも。高度経済成長期やバブル期ならばともかく、人口減少と東京一極集中が進む現在の日本でこの投資が佐賀県にとってあまりに見合わぬものであることは誰もが理解できるところだろう。さらに新幹線が開通すれば在来線特急の廃止や本数削減の可能性も高まる。

もっとも佐賀県の中にも建設を強く望んでいる自治体もある。県西部にある嬉《うれし》野市《のし》。嬉野温泉で知られるこの市には鉄道の駅が存在しない。ところがもし長崎新幹線が敷設されると、ここには新駅が建設される。新幹線の開通は嬉野市には大きな利益をもたらす可能性が高い。このように県内にも敷設に賛成する自治体もある。

鉄道というのは一方には利潤をもたらす反面、他方には負担を増加させる側面を持つ。やるのかやらないのか、フル規格新幹線でいくのか、ミニ新幹線方式を採るのか、スーパー特急方式を採用するのか、まだまだ白熱の論議は続いている。

高速道路、フェリーと空路

かつてはシリコンアイランドやカーアイランドと呼ばれた九州。それだけに工業輸送の要である高速道路網は充実している。南北方向には、東に**東九州自動車道**、西に**九州自動車道**が、東西方向にも**長崎自動車道**、**大分自動車道**、**宮崎自動車道**などがあり、残る課題は中央部を東西に横断する道路となっている。こちらの方は**九州中央自動車道**がごく僅かな部分ではあるが開通しており、今後の事業化も検討されている。

決して広くない国土に１００を超える空港がある密かな空路大国でもあるのが

日本。２０２１年現在空港のない府県はわずか10府県のみ。むろん九州はその地理的な特徴からも、早くから空港と空路が整備された空路先進地域といえる。離島を除いても、九州は各県に空港が存在している。

福岡県にあるのは市街地にありアクセス抜群の福岡県の**福岡空港**と２００６年に開港した比較的新しい**北九州空港**。佐賀県には１９９８年に有明海の干拓地に開港した**佐賀空港**が。

新幹線では遅れを取っている長崎県は、空港においては先進地域。大村市にある**長崎空港**は日本どころか世界初の海上空港という名誉ある空港。大分県の**大分空港**もその歴史は古い。かつては大分市に空港が存在したが、高度経済成長期に海上への新空港建設を開始。国東市《くにさきし》に完成した空港との行き来には、かつてはめずらしいホバークラフトが利用されていた。

熊本県には、阿蘇山の麓にあるこれまた歴史ある**阿蘇くまもと空港**と、２０００年開港の比較的新しい**天草空港**がある。戦時中の軍用飛行場にルーツを持つ歴史ある宮崎県の**宮崎ブーゲンビリア空港**は、全盛期の読売巨人軍と、憧れの飛行機に乗って訪れた高度経済成長期の新婚旅行客を見守ってきた由緒ある空港。鹿児島県の霧島市には、海軍の基地を前身とする歴史ある**鹿児島空港**がある。

海からの往来を引き受けるのは海上フェリー。陸路の仇というわけでもないが、主に鉄道や道路網においては多少不便を喫している九州の東側はフェリーでの交通においては絶対的なアドバンテージを持つ。

北から福岡県北九州市の小倉港《こくらこう》と新門司港、大分県には国東市の竹田津港に別府市の別府港、大分市の大分港と佐賀関港、臼杵《うすき》市の臼杵港の5港が、そして宮崎県には宮崎港、鹿児島県には志布志港が、それぞれフェリーの発着地として多くの人や物の集積地となっている。

沖縄の交通網

離島である沖縄県。本島へのアクセスはやはり空路がメイン。那覇市の**那覇空港**は沖縄への玄関口であるとともに、離島との行き来におけるハブ空港ともなっている。沖縄といえばかつては鉄道がないことで有名だったが、2003年に首里－那覇空港の間で跨座《こざ》式モノレールである**ゆいレール**が部分開通。これにより日本から鉄道不在県が消滅した。その後もゆいレールは延伸を続け、現在では19駅、運行路線距離にして17キロの路線に成長している。

離島の宮古島、下地島、石垣島、与那国島などにもそれぞれ空港がある。

九州地方の交通

（本を縦にしてお読み下さい）

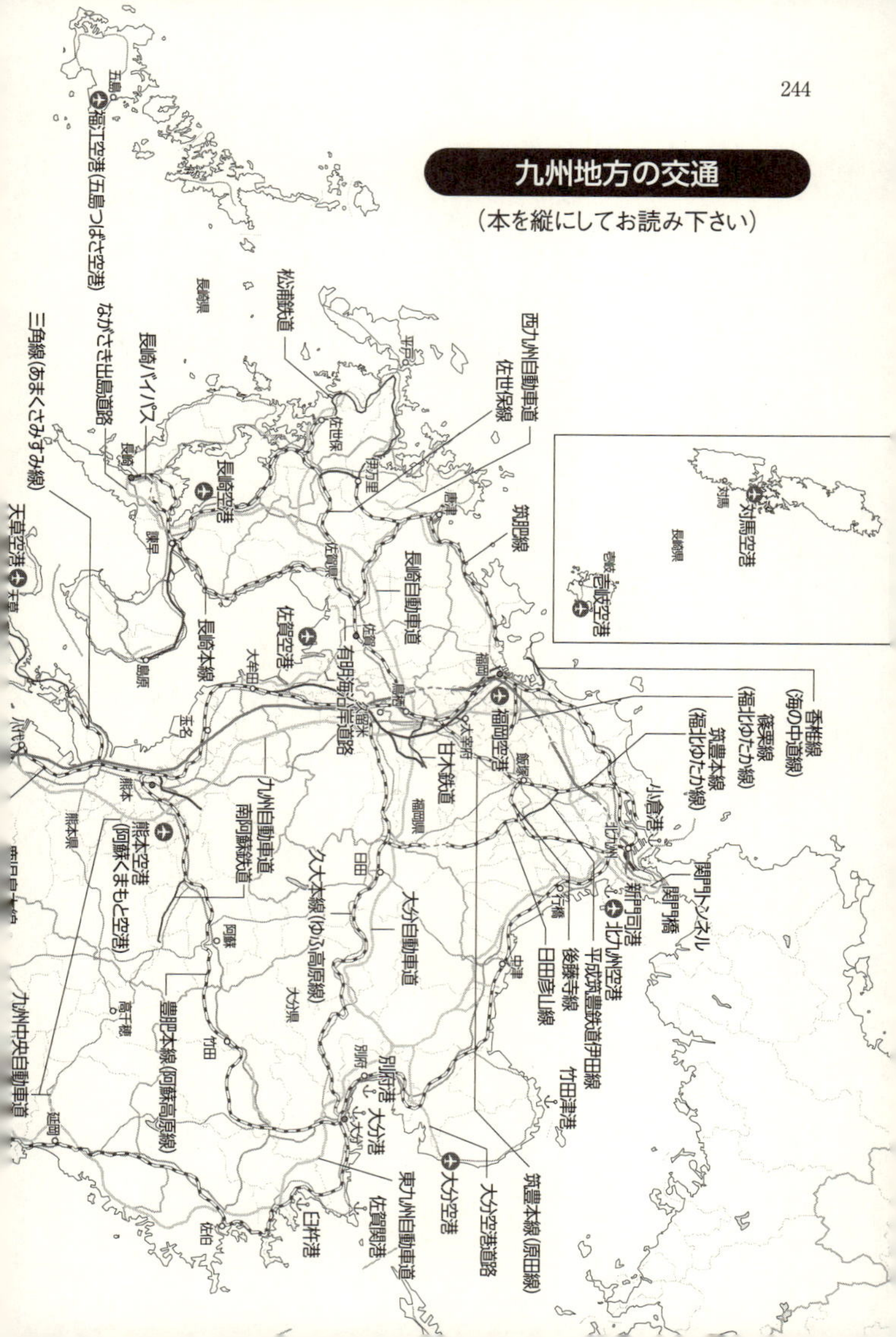

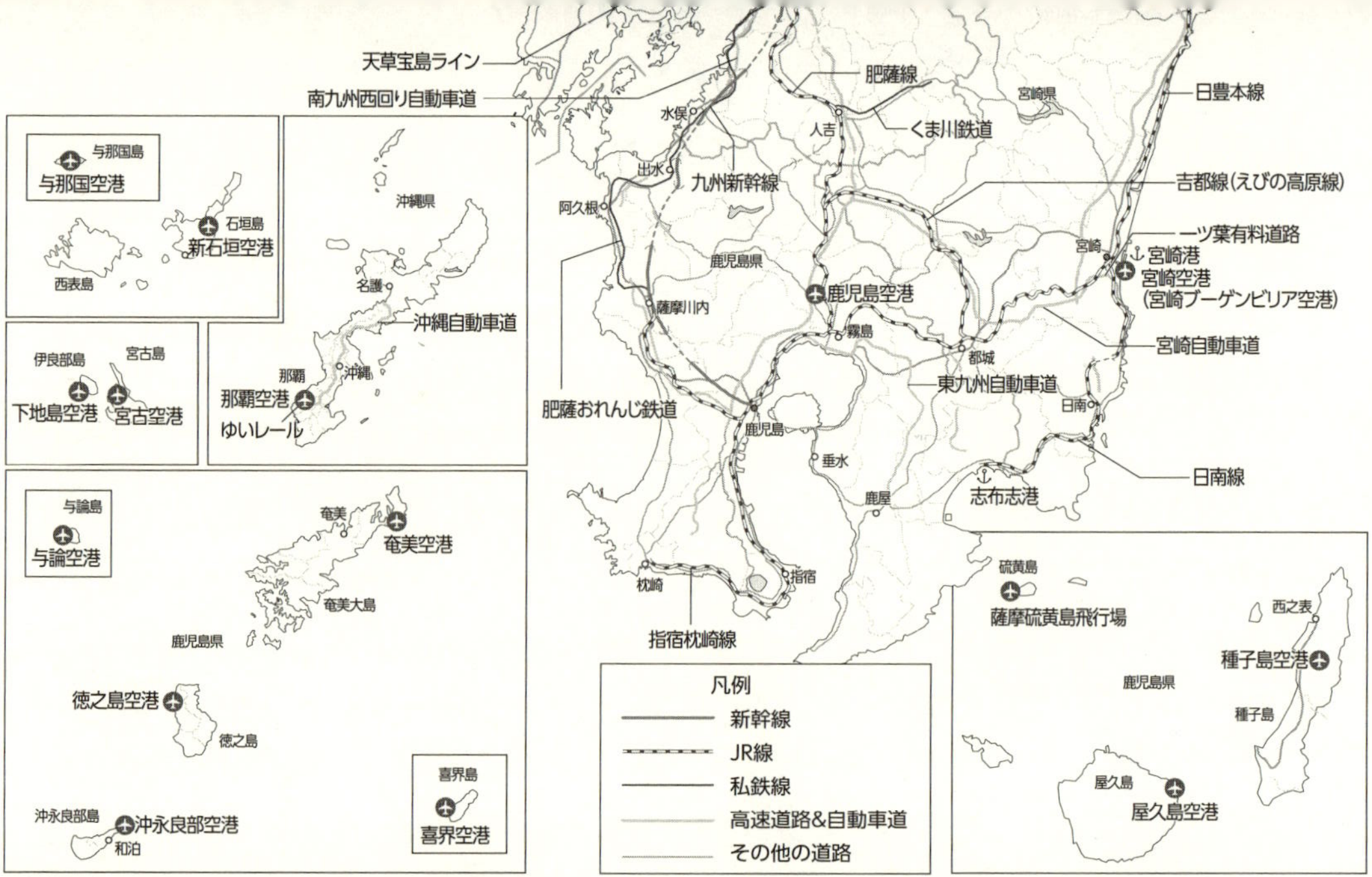

※ 他に定期便がでている空港として、久米島空港、北大東空港、南大東空港、多良間空港がある。

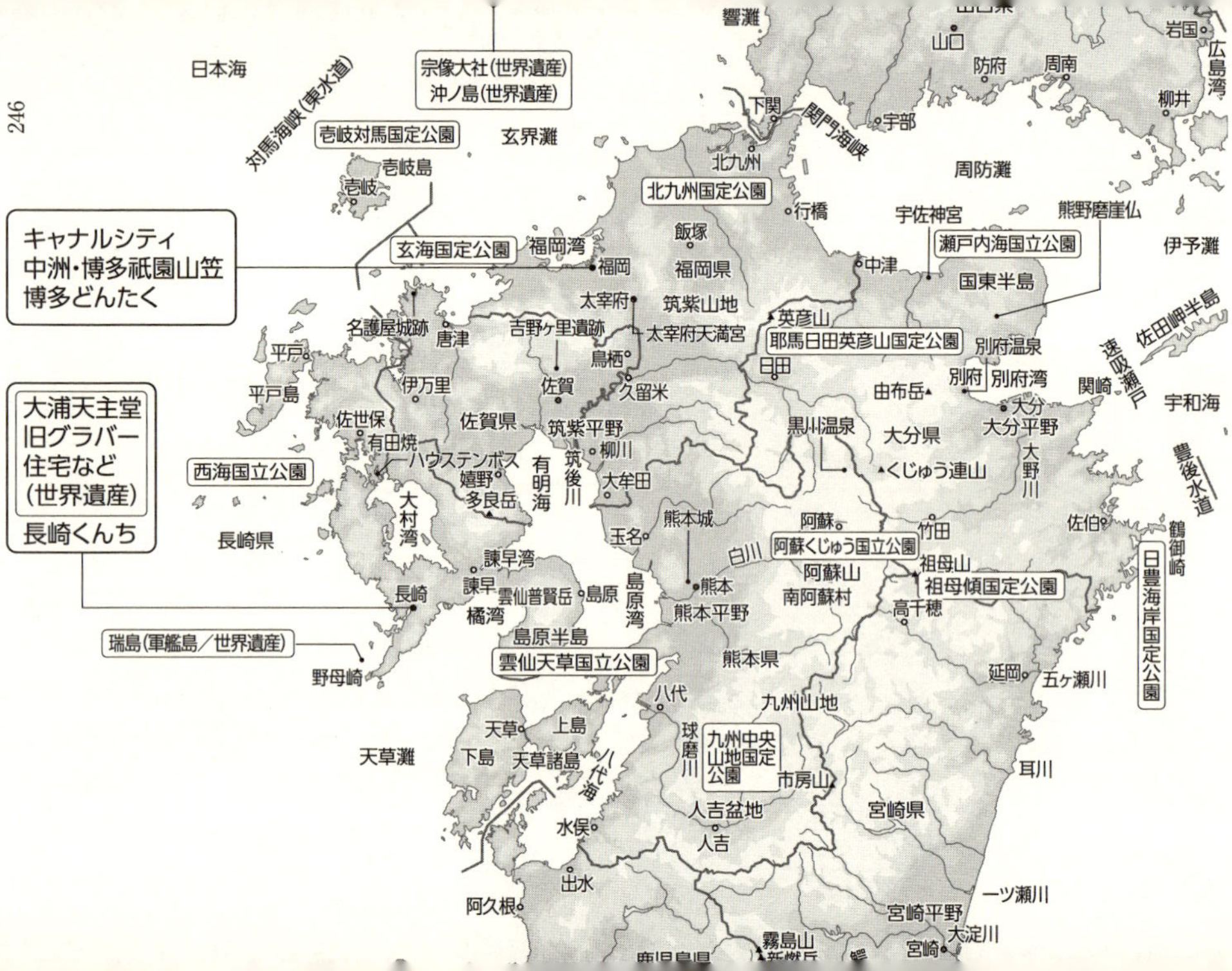

日本海
対馬海峡(東水道)
宗像大社(世界遺産)
沖ノ島(世界遺産)
壱岐対馬国定公園
玄界灘
壱岐島
壱岐
キャナルシティ
中洲・博多祇園山笠
博多どんたく
玄海国定公園
福岡湾
福岡
名護屋城跡
唐津
平戸
平戸島
伊万里
大浦天主堂
旧グラバー
住宅など
(世界遺産)
長崎くんち
佐世保
有田焼
ハウステンボス
西海国立公園
嬉野
多良岳
大村湾
長崎県
諫早湾
諫早
長崎
雲仙普賢岳
島原
橘湾
島原半島
瑞島(軍艦島/世界遺産)
野母崎
雲仙天草国立公園
天草灘
天草
上島
下島
天草諸島
八代海
水俣
出水
阿久根
響灘
下関
関門海峡
北九州
北九州国定公園
行橋
飯塚
福岡県
太宰府
筑紫山地
吉野ヶ里遺跡
太宰府天満宮
鳥栖
佐賀
久留米
佐賀県
筑紫平野
柳川
有明海
筑後川
大牟田
熊本城
玉名
熊本
島原湾
熊本平野
熊本県
白川
八代
球磨川
九州中央山地国定公園
人吉盆地
人吉
市房山
九州山地
中津
英彦山
耶馬日田英彦山国定公園
日田
黒川温泉
由布岳
くじゅう連山
大分県
阿蘇
阿蘇くじゅう国立公園
阿蘇山
南阿蘇村
竹田
祖母山
祖母傾国定公園
高千穂
延岡
五ヶ瀬川
宮崎県
耳川
一ツ瀬川
宮崎平野
大淀川
宮崎
霧島山
山口
防府
周南
岩国
広島湾
柳井
宇部
周防灘
宇佐神宮
瀬戸内海国立公園
熊野磨崖仏
国東半島
伊予灘
別府温泉
別府
別府湾
大分
大分平野
大野川
佐賀関半島
速吸瀬戸
関崎
宇和海
豊後水道
佐伯
鶴御崎
日豊海岸国定公園

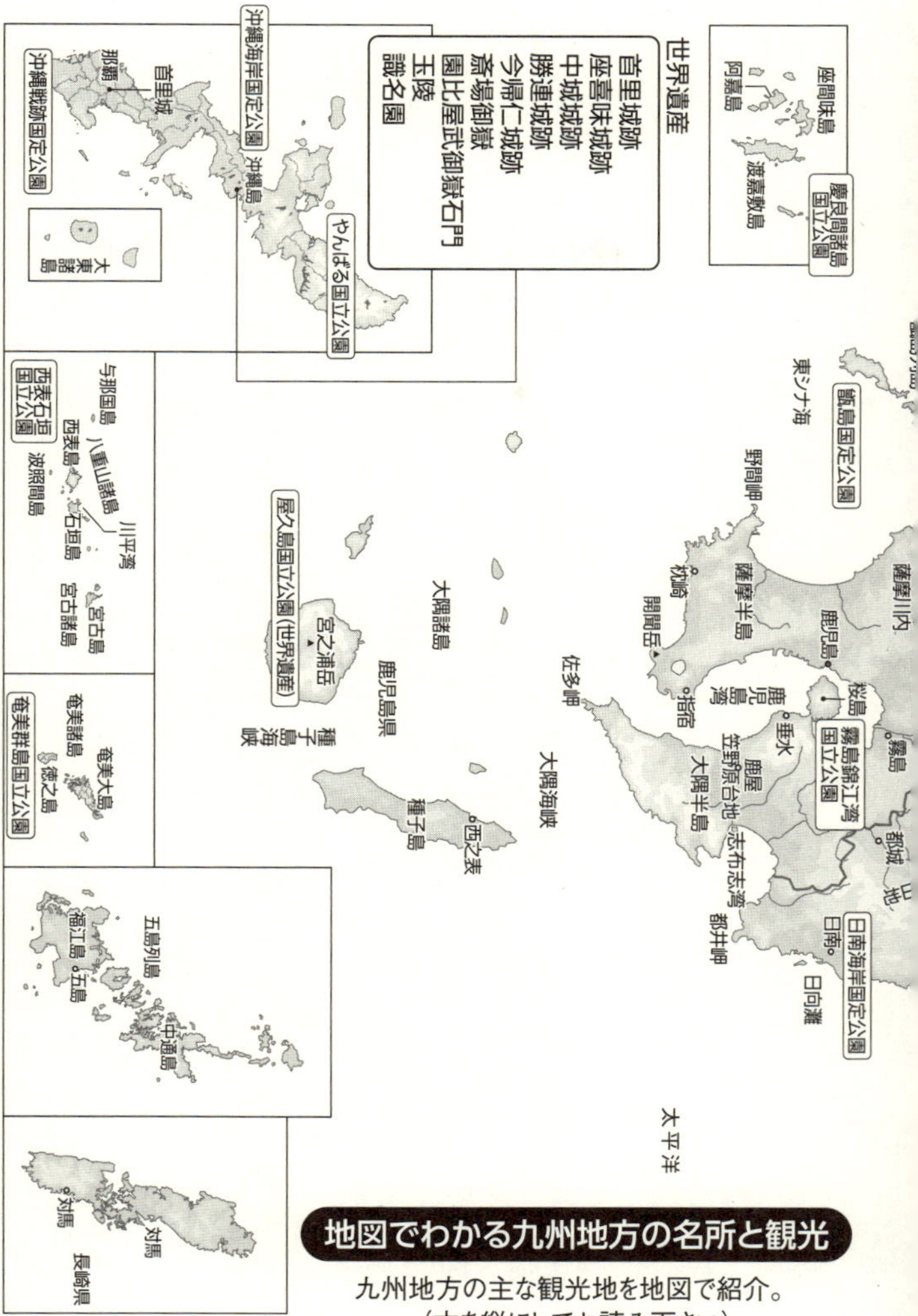

地図でわかる九州地方の名所と観光

九州地方の主な観光地を地図で紹介。
（本を縦にしてお読み下さい）

日本の先進地域だった九州

宮崎県の**高千穂《たかちほ》**は**天孫降臨《てんそんこうりん》**の地とされる高天原《たかまがはら》に比定される有力候補地。卑弥呼《ひみこ》で名高い邪馬台国《やまたいこく》の所在地も畿内説と並んで北九州説はいまもって有力。当時の先進地域である中国や経由地の朝鮮半島と近いことからも、古代において九州が日本の先端地域であったことに異論を挟む人はいないだろう。

政治の中心が大和地方に移ってからは、現在の福岡県は国防の要地とされ、朝廷の地方機関であり外交と防衛の前線基地として**大宰府《だざいふ》**が置かれ、東国などから防人《さきもり》と呼ばれる民間人兵士も徴集されてきた。実際、九州は**刀伊《とい》の入寇《にゅうこう》**や**元寇《げんこう》**といった防衛戦争の戦場となった。

鎌倉幕府の滅亡後、後に室町幕府の初代将軍となる足利尊氏は、後醍醐天皇と対立し一時的に九州に逃れてきている。この頃九州を治めた一族としては少弐氏《しょうにし》が著名だが、戦国時代になると大内氏や大友氏が台頭する。

大航海時代を経て、ヨーロッパ人がアジアに進出するようになると、地勢的な事情から九州はその玄関口となった。**鉄砲**は種子島から、キリスト教は鹿児島から、日本全土に広まる。キリスト教を信仰するキリシタン大名も登場した。

戦国末期に九州全土をほぼ統一したのが**島津氏**《しまづし》。だが秀吉の全国統一直前だったため、時の当主島津義久《よしひさ》は秀吉政権に下り臣下の一武将となった。その秀吉が朝鮮出兵に際し、前線基地**名護屋城**《なごやじょう》を築城したのが佐賀県。そのため九州は日本全国の武将の一大交流地として栄えた。

江戸時代になると秀吉の軍師だった黒田如水《くろだじょすい》や熊本城の築城で有名な加藤清正など著名な大名も多く九州に配される。だがその力が幕府に警戒心を抱かせ、結果、多くの九州の有力大名が御家の御取り潰しや国替えにあっている。

薩摩同士の戦いとも言える西南戦争

三代将軍家光《いえみつ》の時代には、天草《あまくさ》・島原《しまばら》で、信仰を禁じられたキリスト教徒と領主の過酷な圧政に苦しんだ農民が団結し、**島原・天草一揆**を起こした。この一揆を弾圧した幕府はキリスト教の影響力をおそれ、鎖国政策として知られる海禁政策を実行する。そんな状況下で例外的に西欧文明に開かれた門戸となったのが、長崎に置かれた**出島**《でじま》だった。

南国の雄藩、薩摩藩は外様《とざま》でありながら幕末まで生き残った。藩を救ったのは巧みな婚姻戦略。また江戸から離れていたことも幸いした。江戸時代後半には十一代家斉《いえなり》の正室「広大院《こうだいいん》」、十三代家定《いえさだ》の正室「天璋院《てんしょういん》」こと篤姫《あつひめ》も薩摩藩から輿入れ、薩摩藩は幕府の信頼を得た。故に幕末当初は幕府の尖兵として機能したが、薩英戦争《さつえいせんそう》の後で倒幕に転じ、**西郷隆盛**《さいごうたかもり》や**大久保利通**《おおくぼとしみち》をはじめ維新の英雄を輩出する。

しかし維新後に西郷と大久保が対立。政府を去った西郷は鹿児島の不平士族に担がれ、新政府軍との**西南戦争**《せいなんせんそう》に巻き込まれる。苦戦の末、新政府軍が勝利したこの戦争、政府派遣の抜刀隊《ばっとうたい》が多くの薩摩出身者で構成されていたことを思うと薩摩藩の内戦でもあった。

薩摩藩は幕府の圧政に苦しめられる被害者であった一方で、沖縄に存在した**琉球王国**に圧力を加える加害者の側面も持ち合わせていた。現実には、善と悪は相対的に定まるもので固定されるものではないのだ。それを証明する例として挙げるわけでもないが、薩摩藩から圧迫を受け苦しんだ琉球王国の支配層も、それ以前にはオヤケアカハチの抵抗を抑え、八重山を支配下におくという蛮行を行っている。

日本に翻弄された沖縄

１８７２年、明治政府は琉球王国を廃し**琉球藩**を置き、琉球は日本の中央集権下に組み込まれた。１８７９年には琉球藩が廃され沖縄県が置かれる。やがて沖縄は太平洋戦争の悲劇に見舞われ、戦後はアメリカの保護下に置かれる。しかし１９７２年に日本に返還され**本土復帰**。今なお基地問題に苦しむものの、一方ではそれが経済を支えているという複雑な事情を抱えて今日に至っている。

現在沖縄は都会人にとって憧れの地として高い人気を誇るが、生活となるとやはり一筋縄では行かない。移住を望む場合には、しっかりしたリサーチの上で新参者であることを忘れずに振る舞ってほしい。

あとがきにかえて

海の向こうはもちろんのこと、パスポートのいらない場所を旅することにすら躊躇することが求められ気遣いが必要な昨今。旅好きのみなさまにおかれては、さぞかし歯がゆい日々をお過ごしのことだろう。

かく言う私もそんな者の一人。とりあえず二人の子を家から解き放ち、親として己の人生に一区切りがついたことを契機に、まだ果たせていない世界一周貧乏旅行に出かけようとしていた矢先の今回の災禍だった。

ならばせめて国内をと、これも悲願のお遍路に挑もうかと試みるも。落ち着きかけていた国内の情勢も厳しくなり、それどころか原稿を書き上げた後の打ち上げもできぬ始末。

なかなかもって人生とは思うようにならぬものだと改めて達観している。

もっとも本書執筆中の折は、あくまでそれなりにではあるけれど、脳内トリップの感覚を味わうことができた。09年版を執筆していたようなわくわく感は得られなかったけれど、決して明るいトリップばかりではなかったけれど、ヴァーチャルという制約下ではあったが、小旅行気分を感じたことは心にやすらぎをもたらしてくれた。

その上でこの国の現状と対峙し、それを現実として意識し、喫緊の課題の把握とその解決策の思索にあまり性能の良くないアタマをフル回転させた。小市民である私が如何に名案を思いつこうとどうなるものでもないが、かろうじて私自身のボケ防止には寄与したと思う。

少子高齢社会は現実となった。年収３００万円どころか、１００万円社会もすぐそこまで来ている。グローバルとボーダーレス、さらにはエンバイロメントという枷の中で、これからこの国が如何にしてソフト・ランディングからの復興を果たすのか。いつまで見守れるかはわからないが、目と耳とアタマが機能する限り見届けていこうと思う。

令和三年　災禍の悪夢いまだ醒めやらぬ午後に

後藤　武士

著者プロフィール

●後藤武士（ごとう・たけし）

1967（昭和42）年、岐阜県生まれ、青山学院大学法学部卒業。著者、専業作家として書籍の執筆や講演活動に勤しむなか、教育評論家としても活躍。著書、「読むだけですっきりわかる」シリーズは360万部をこえるメガヒット。特に『宝島社文庫　読むだけですっきりわかる日本史』（宝島社）は150万部を超えるロングセラーになっている。

twitter　ごとうせんせい　読むだけですっきりわかるシリーズ
Facebook　後藤武士
e-mail　yomudakegoto@yahoo.co.jp

スタッフ
装丁／藤牧朝子
カバーイラスト／山田タクヒロ
本文デザイン&DTP／株式会社ユニオンワークス

宝島SUGOI文庫

読むだけですっきりわかる日本地理 令和版

（よむだけですっきりわかるにほんちり れいわばん）

2021年8月2日　第1刷発行

著　者　後藤武士

発行人　蓮見清一
発行所　株式会社 宝島社
〒102-8388　東京都千代田区一番町25番地
電話:営業 03(3234)4621／編集 03(3239)0927
https://tkj.jp
印刷・製本　株式会社廣済堂

ISBN 978-4-299-01766-6